清华大学文科出版基金

QINGHUADAXUEWENKECHUBANJIJIN

重塑美好身心

每天10分钟愉悦高效健身

彭建敏　著

清华大学出版社

北京

图书在版编目（CIP）数据

重塑美好身心：每天10分钟愉悦高效健身 / 彭建敏著． — 北京 ： 清华大学出版社，2024.1
ISBN 978-7-302-64600-6

Ⅰ．①重… Ⅱ．①彭… Ⅲ．①健身运动－基本知识 Ⅳ．① G883

中国国家版本馆 CIP 数据核字（2023）第 175469 号

责任编辑：王　琳
封面设计：常雪影
责任校对：王荣静
责任印制：杨　艳

出版发行：清华大学出版社
　　　　网　　址：https://www.tup.com.cn，https://www.wqxuetang.com
　　　　地　　址：北京清华大学学研大厦 A 座　　　　邮　　编：100084
　　　　社 总 机：010-83470000　　　　邮　　购：010-62786544
　　　　投稿与读者服务：010-62776969，c-service@tup.tsinghua.edu.cn
　　　　质量反馈：010-62772015，zhiliang@tup.tsinghua.edu.cn
印 装 者：三河市东方印刷有限公司
经　　销：全国新华书店
开　　本：185mm×260mm　　印　张：10.5　　字　数：162 千字
版　　次：2024年1月第1版　　印　次：2024年1月第1次印刷
定　　价：59.80 元

产品编号：096030-01

序言

动起来，你的世界将大不相同

2019年暑假，我有幸读到一本书——《尼采治焦虑》[*]，此书汇集了德国旷世奇才尼采的99句智慧箴言，是一本充满智慧的心理自助书。该书充满启发性，适合想从哲学中寻求灵感的读者，可以帮助人们对抗当下的焦虑与恐惧。这本书给了我极大的启发。作为一名高校体育教师和一名心理学爱好者，从翻开书的第一页开始，我就萌发了要写一本将心理与运动结合的书，于是就有了本书的雏形。

2020年初，全球暴发的新型冠状病毒感染疫情让我们更加重视身心健康。中国工程院院士、天津中医药大学校长张伯礼表示：我们得这个病，实际上是病毒和人体免疫力博弈的结果，病毒胜了就得病了。所以把抵抗力提高了，往往就不容易被感染，即使感染也是轻的。一场疫情，刷新了我们对健康重要性的认知：原来人类最大的竞争力不是学历，也不是能力，而是免疫力。健康不仅是第一，更是唯一。一场疫情让我们明白：未来，拼的是健康！我们要重新认识生命，认识健康的重要性。

本书写在身心健康被再次深刻重视和深情渴望的今天，书中的每一个小节都以尼采的一句格言作为引子，展开与运动相关的解读。最具特色和创意的是，本书从格言中提炼锻炼身体的科学方法与合理技术，每天练习一个或几个动作，即可科学有效地锻炼，人人可以轻松上手，让我们的运动不仅有科学的演绎，更获得哲学的升华。本书是体育与哲学结合的一次创新与探索。尼采的哲学理论可以启发心灵的

---

[*]尼采，波西.尼采治焦虑[M]钟莉方，译.武汉：长江文艺出版社，2014.

思考，结合每天合理的运动可以让人身心愉悦，从而达到生理和心理的和谐平衡。拥有健康，是拥有其他一切的基础。增强自身抵抗力，就是在保护自己，也是在保护他人。

你可以跟随本书每天进行10分钟左右的运动。书中介绍的动作简单易行，便于坚持。你可以随时动起来，感悟思想，感悟身体，感悟人生。这种力量不容小觑。只要动起来，无论思想还是身体，都将变得大不同。愿每一位读者在运动过程中体会到生命的意义，并不懈追求和探索生命意义的积极与不凡。愿此书点燃你心中的那团火，燃起你的激情，完善自己，改变你的世界。

彭建敏

于清华园

目录

第一章　点燃独特生命的火焰 **1**

01　"只有知道生命意义的人才懂得如何面对"——尼采 1

02　"我们能在大自然中悠然自得，是因为它对我们不带偏见"——尼采 9

03　"不幸才能让人感觉高人一筹，所以当你称赞别人'你真幸福'的同时，
他们往往还是在抱怨着"——尼采 18

04　"你的荣耀无法改变你的起点，但却能决定你的终点"——尼采 23

05　"不要奢望十全十美，只要今天比昨天做得更好就够了"——尼采 25

第二章　唤醒充满激情的灵魂 **32**

06　"那些杀不死我的，将使我更坚强"——尼采 32

07　"人类应当能够自我超越；人类是一座桥梁而非目的地"——尼采 37

第三章　感知激荡思想的境界 **42**

08　"伟大的成就往往来自于那些在喧嚣中能保持静默的人"——尼采 42

09　"独立是少数人的事，也是强者的优势""积极的人将学会
品尝孤独"——尼采 47

10　"你身体里潜藏的智慧比你最深邃的哲思还要多"——尼采 55

第四章　体验生命内涵的绽放 **61**

11 "每个痛楚总要有人付出代价；每则怨言都蕴藏着复仇的
种子"——尼采 61

12 "所有真正伟大的想法都是在散步时孕育出来的"——尼采 66

13 "不懂得冷却思绪的人不应与人争辩"——尼采 73

第五章　享受自由智慧的魅力 **82**

14 "一个人的聪明才智取决于他的幽默程度"——尼采 82

15 "创新并非是指能够抢先看到最新的事物，而是能够在旧有的、
熟悉的事物中发现新的价值"——尼采 90

第六章　沉浸爱与幸福的海洋 **97**

16 "实际上，我们热爱生命并非我们习惯生命，而是习惯爱"——尼采 97

17 "开始一天最好的方法就是在起床时怀着一个至少能在日落前让你
一直感到幸福的想法"——尼采 107

18 "我幸福的处方笺就是：一个是，一个不，一条直线，
一个终点"——尼采 112

19 "人生短到我们无法感受无趣"——尼采 120

20 "爱不是抚慰，而是光"——尼采 127

第七章　放飞释放伟大的自己 130

21 "想要学会飞翔，必先学会站立、行走、奔跑、攀爬及舞蹈；

没有人能够直接飞翔"——尼采 130

22 "最常见的谎言就是自欺欺人"——尼采 136

23 "有多少人懂得观察？在那极少的少数人中，又有多少人懂得观察自己？

每个人都距离自己最遥远"——尼采 138

24 "脆弱是我们最好的老师，然而我们却总是不知道要对它

感恩"——尼采 140

25 "每个人都是当下所发生的事的幕后推手，也是最初的

原动力"——尼采 142

26 "欢笑是因人在这世上受尽折磨而被迫发明出来的"——尼采 145

27 "当你停止拿自己的生活与他人比较，你就会发现生活变得更加

美好了"——尼采 147

28 "希望比生命中任何欢愉都更令人振奋"——尼采 148

29 "每一个不曾起舞的日子，都是对生命的辜负"——尼采 151

30 "人类最难了解的事便是自己的无知"——尼采 154

参考文献 155

附录　配套视频说明 160

编者注：30条尼采箴言标题出自长江文艺出版社2014年出版的《尼采治焦虑》.

第一章　点燃独特生命的火焰

01　"只有知道生命意义的人才懂得如何面对"——尼采

当生命有了意义，我们所付出的努力也变得不再是单纯的劳动，而是迈向既定目标的步伐。

最快乐、最有成就的人往往是那些清楚自己方向的人。我们的"生命"希望我们有目标地生活，把握自己的命运，过自己想要的生活，成为自己想成为的人。

心理学家"自我启发之父"阿尔弗雷德·阿德勒（Alfred Adler）说，这一生你唯一要完成的事情就是做好你自己[1]。

诚然，每个人的生活目标都必须包含健康。

什么是健康？无病即健康？

世界卫生组织对于健康的定义是，健康不仅是疾病或羸弱的消除，还是体格、精神与社会之完整健康状态。意思是说，真正的健康是躯体、心理、社会适应性和道德四个方面都健康。

体育运动的意义在于实现多维度的健康。体育运动不仅可以使我们达到身体健康、心理健康、社会适应良好和道德健康，还可以使我们人格健全，大脑活跃，促进社会性发展；让我们有目标，懂规则，善交流，会合作，健康地生活。

体育，是顶尖的教育，可以帮助我们育体、育脑、育心、育人。

---

[1]　阿德勒.超越自卑[M].张艳华，译.北京：清华大学出版社，2016.

我们的日常生活非常需要体育运动。要让体育运动成为中国人的家风，因为"体"里面有"育"。

2018年，美国体力活动指导方针咨询委员会发布的2018年科学报告指出[1]：体育活动是改善公共卫生的"最佳选择"，"运动是良药"。这份报告详细总结了近十年来体力活动在预防疾病和促进健康方面的贡献。

约翰·瑞迪（John Ratey）——哈佛大学医学院临床副教授、临床精神病医生、跨学科研究专家、畅销书作者、国际公认的神经精神医学领域专家，他于1997年荣获美国最佳医生，著有畅销书《运动改造大脑》。约翰·瑞迪说，运动是天然的健脑丸[2]。以前我们常通过药物治疗精神疾病，例如，抑郁症、ADHD（注意力缺陷及多动障碍），而现在，约翰·瑞迪更倡导通过运动强化大脑机能。运动对正常人来说同样适用——运动可以让你更聪明！书中提到运动可以带给我们的益处如下。

（1）运动可以提高大脑记录和处理新信息的潜能。

（2）运动可以预防慢性压力影响。

（3）运动可以有效减轻焦虑。

（4）运动可以增加内啡肽，调节神经递质，促进多巴胺分泌，从而改善情绪和增加幸福感，从这两个方向出发，解决抑郁症和抑郁问题。

（5）运动可以使人注意力更加集中。

（6）运动可以有效对抗成瘾性。

（7）运动对于女性尤为重要。因为运动可以缓解激素变化带给女性的消极作用，增强激素带来的积极影响。

（8）运动可以预防大脑退化。

体育，是每个人生活的好伴侣，让我们更懂得生命的意义。

了解体育运动的重要意义之后，我们接下来该如何做，从何着手？直接去跑步，或者直接去撸铁？

---

[1] 2018 Physical Activity Guidelines Advisory Committee Scientific Report[EB/OL]. [2023-2-16]. https://health.gov/sites/default/files/2019-09/PAG_Advisory_Committee_Report.pdf.

[2] 瑞迪，哈格曼.运动改造大脑[M].浦溶，译.杭州：浙江人民出版社，2013.

当然不是，切莫着急。首先，我们要先了解自己的身体。我们的身体有两个重要的指标：体质指数和体脂百分比。体质指数也称体重指数，也就是我们常说的BMI指数。

BMI（Body Mass Index）指标是根据身高和体重的关系来初步评价人体胖瘦程度的指标。

BMI=体重（公斤）÷身高²（米）

BMI的正常值：18.5～23.9（亚洲人）

指导意义：BMI是国际上常用的衡量人体肥胖程度和是否健康的重要标准。

你的BMI是否在正常范围？太胖太瘦都不太合适。

BMI偏大就一定是不正常吗？先来看两张图片。

图片中的两位男士谁更胖一些？（见图1-1）

图1-1 两位男士谁更胖一些

误区：两位男士，他们的身高相同，体重相同，BMI指数相同，都偏大，都不正常。

但，从图片中可以看出，其中一位体形偏健美，另一位体形偏胖。

请问：如果你超重，你的超重属于哪种情况？先自行判断一下。

因此，BMI是初步评价一个人的胖瘦指标，相同体积下肌肉的重量约是脂肪的3倍。

那什么指标能更准确地反映一个人的胖瘦程度呢？回答：体脂百分比！什么是体脂百分比呢？体脂百分比是指通过脂肪重量计算人体的体脂百分比，反映身体脂肪的含量比例，如图1-2所示。体脂百分比能更准确反映一个人的胖瘦程度。

体脂百分比

图1-2　体脂百分比

下面提供了几种简单易行的体脂百分比自测方法，仅供参考。

（一）目测法

测体脂率的方法有很多，目测法方便直观，但不够精准。读者可以参考图1-3自测一下体脂百分比。

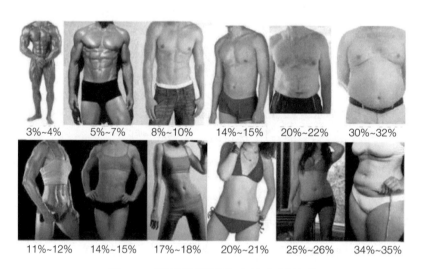

图1-3　不同体脂百分比的身材外观

（二）体脂秤

通过体脂秤（见图1-4），只需上秤一测，就可以了解自身的体脂情况，比如体脂率、去脂体重、脂肪重量、肌肉重量、骨量、水分等数据。数据的精准度可能有一些误差，但基本上可以通过这些数据判断出自身的健康趋势。

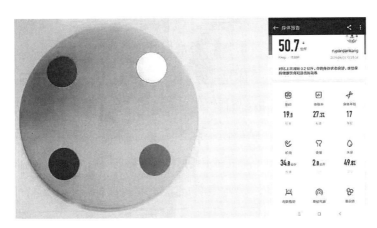

图1-4　体脂秤

体脂秤不仅会给我们反馈一些数据，还可以让我们了解体脂情况并作出判断。

如果体脂百分比太低，就需要增肌；如果体脂百分比正常，则需要塑形；如果体脂百分比太高，即需要减脂。

无论出现哪种情况，我们给你的第一个建议都是进行力量训练。

那么什么是力量训练呢？

力量训练是提高人体力量素质的训练。力量素质是指人体神经—肌肉系统工作时克服或对抗阻力的能力。[1]

科学力量训练的目标是增肌、减脂和塑形。

那么该怎么开始力量训练？直接举杠铃吗？当然不是。

对于初学者，强烈推荐的力量训练动作是徒手动作之王：俯卧撑（见图1-5）。

推荐理由

执行简单：因地制宜，方便易行。

作用全面：全身性的力量训练。

---

[1]　王卫星，蔡有志.体能-力量训练指南[M].北京：北京体育大学出版社，2006.

图1-5　标准俯卧撑

完成俯卧撑的动作要领：身体呈一条直线，不塌腰，不翘臀，肩肘平齐，核心收紧，俯身向下时吸气，向上推起时呼气。

有的女性朋友，一个俯卧撑都做不起来，不必着急，任何问题都有解决办法，可以按照下列循序渐进的方法提高完成俯卧撑的能力。

第一步：找面墙，手扶墙，身体呈斜面，完成斜面俯卧撑；随着能力增强，逐步降低斜面高度，可找桌面完成。

第二步：过渡到跪姿俯卧撑（见图1-6），膝关节着地，在垫子上完成俯卧撑。

动作要领与标准俯卧撑一致：身体呈一条直线，不塌腰，不翘臀，肩肘平齐，核心收紧，向上推起时呼气。

图1-6　跪姿俯卧撑

当在训练时能完成三组或三组以上练习，每组练习10～15次俯卧撑时，再过渡到标准俯卧撑甚至加大俯卧撑的难度。因人而异，俯卧撑隔天一练，每次完成三组，每组10～15次，坚持一个月，你一定会惊讶于自己的变化。

增加难度包括：击掌俯卧撑，把脚垫高的反斜面俯卧撑等，男生可以挑战单臂俯卧撑（见图1-7），动作要领与标准俯卧撑一致。

图1-7　单臂俯卧撑

有人可能会问：从俯卧撑开始训练，仅仅是因为它执行简单，作用全面吗？

当然，不仅于此，我们还有下列权威数据。

《美国医学会杂志》（the Journal of the American Medical Association，JAMA）[1]是国际顶级期刊，其在2019年发表了一篇哈佛大学医学院的重量级研究论文，证实了做俯卧撑的数量与未来发生心血管疾病的风险存在明显的负相关关系。

在实验中，研究团队对1104名成年男性消防员进行了单项俯卧撑能力测试，要求他们按照每分钟40个的节奏做俯卧撑并计数，直到跟不上节奏为止。

测试结束后，研究团队又对他们进行了为期10年的随访记录，研究者发现：

10年间，该测试群体一共发生了37例心血管疾病事件；其中，只能做0～10个俯卧撑的群体，患心血管疾病的风险要比能够完成40个以上俯卧撑的人高出96%。

也就是说，俯卧撑做的数量越多，未来发生高血压、冠心病、猝死等心血管疾病的概率越低，反之则越容易发生心血管疾病。

有了科学数据的证明，练习俯卧撑的意义是不是显得更加深远了呢？

在正式开始计划长期坚持俯卧撑练习的同时，我们应该先来了解一下自己目前到底处于什么水平，以便确定自己的目标和检测自己的进步，可参考《美国运动医学会健康体适能评估手册》（ACSM's Health-Realated Physical Fitness Assessment Manual）的标准来评估自己的水平。

在做俯卧撑时，男性采用标准姿势；女性采用跪姿俯卧撑。在测试过程中，受测人员无间歇连续做俯卧撑，直至做不动为止。

---

[1] Yang J, Christophi C A, FARIOLI A, et al. Association Between Push-up Exercise Capacity and Future Cardiovascular Events Among Active Adult Men[J]. JAMA Network Open, 2019,2(2): e188341.

表1-1　各年龄段俯卧撑标准（引自：《美国运动医学会健康体适能评估手册》）[1]

年龄（岁）	20~29		30~39		40~49		50~59		60~69	
性别	男	女	男	女	男	女	男	女	男	女
优秀	36	30	30	27	25	24	21	21	18	17
良好	35	29	29	26	24	23	20	20	17	16
	29	21	22	20	17	15	13	11	11	12
好	28	20	21	19	16	14	12	10	10	11
	22	15	17	13	13	11	10	7	8	5
一般	21	14	16	12	12	10	9	6	7	4
	17	10	12	8	10	5	7	2	5	2
差	16	9	11	7	9	4	6	1	4	1

　　生命的意义是什么？法国思想家伏尔泰说，生命的意义在于运动[2]。我们可以从不同层面来理解这句话，从社会学的意义来讲是指人生对社会的贡献；从生物学上来说则是指人的健康；而从哲学的观点来看，运动是一切事物发展的基础，生命的意义可以通过运动来体现——健康的生命才有意义。当我们的生命有了意义，所有付出的努力都将不再是单纯的劳动，而是迈向我们既定目标的步伐。为了我们的健康，让我们从俯卧撑做起，动起来。

　　[1]　Davis S E, MEDICINE A C O S. fitness categories by age groups and gender for push-ups[M]// ACSM's Health-Related Physical Fitness Assessment Manual. 2nd edition. Baltimore: Lippincott Williams & Wilkins, 2008:69.

　　[2]　孟丹妮,郭梦莹肖俊杰,等.生命在于运动：运动对心脏和代谢的改善作用[J].自然,2020,(1):66-74.

02 "我们能在大自然中悠然自得，是因为它对我们不带偏见"——尼采

我们在都市丛林中居住得太久，生活和工作让我们感到过度疲劳，因此我们需要消除种种身心不适，时常让自己徜徉在大自然温柔的怀抱中。走一走，跑一跑，做做瑜伽，甚至闭上眼睛感受呼吸，这些都为缓解疲劳起到良好的疗效。

美国运动医学协会（ACSM）提出了"运动是良药"的理念，把运动作为预防和治疗疾病的一种非药物性治疗方法，并建议每周至少进行 5 次中等（或以上）运动强度、每次不少于30分钟的身体锻炼。走进大自然并让自己动起来就是最佳健康良药。

下面介绍一些呼吸冥想方法和瑜伽姿势，在大自然中冥想与练习瑜伽姿势，你会感受到生活是如此悠然自得。

瑜伽不仅仅是一项健身运动，更是一种非常古老的能量修炼方法，集哲学、科学和艺术于一身。瑜伽建立在古印度哲学的基础上，数千年来，心理、生理和精神上的戒律已经成为印度文化中的一个重要组成部分。古代的瑜伽信徒发展了瑜伽体系，他们深信通过身体运动和呼吸调控，可以控制心智和情感并保持身体健康。

冥想是瑜伽体系中的一个重要环节。把注意力集中到某一特定对象上进行冥想是瑜伽冥想体系中最主要的共同点。当你在健身房中练习瑜伽时，教练只能帮助和引导你做到集中注意力这一步，在以后的独立练习中，能帮助你集中注意力的只有你自己。

根据冥想练习的共同点，可以给冥想练习方法下一个定义：当眼、耳、鼻、舌，你的身或意，在主动意识引导下专注于某个特定对象，也就是说，当意识在真实自我可控制的前提下持续不断地向一个方向流淌，就会形成冥想。

推荐常用的冥想方法：呼吸意识冥想法。

"呼吸意识冥想法"也称为"意识呼吸冥想法"，是学习冥想中非常基础的、必不可少的一部分，是人们进入高级冥想法的基础，也是初学者进入冥想学习的第一步。每天练习呼吸意识冥想法可以缓解精神和身体方面的压力，建立良好的

身心状态。

练习方法

（1）选择一个舒适的姿势让自己放松下来，放松全身，双手自然地放在身体两侧，放松脸部肌肉、眼睛、鼻子、嘴唇、舌头，闭上眼睛，把注意力放在呼吸上，用鼻子呼吸。先不用刻意调整呼吸，只需关注自己呼吸的状态——呼吸的节奏、快慢、深浅，或者静静地体会呼吸时的紧张与放松，倾听自己呼吸的声音。

（2）自然、平静地进行呼吸。如果你喜欢这种冥想方法，尽可能地放松自己，几分钟之后，你的呼吸就会慢慢平稳下来，你也会变得越来越平静。继续观察自己的呼吸，体会呼吸的节奏和状态。你的吸气和吐气会比之前更安静、平稳，认真地体会吸气和吐气之间的平和。你可以告诉自己：我正在慢慢吸气，我正在慢慢吐气。吸气时，想象自己正在感受大自然赐予身体的能量，吐气时，感觉自己正将所有的紧张、浊气排出体外。

（3）当注意力从呼吸上"游离"开时，不要着急，只需静静地观察着这种"游离"，然后慢慢地把意识引回到自己的呼吸上。随着练习时间的加长和次数的增多以及对这种冥想方法的熟悉和适应，你在冥想时会变得越来越舒适、越来越平静。

（4）你可以根据自己的状态来调节冥想时间的长短。开始时，冥想时间可以稍微短一些，比如5分钟左右，然后慢慢增加到10分钟、15分钟，乃至更长。

找一个美好的地方（可以是户外，也可以是家里），开始练习冥想（见图1-8）。

图1-8　冥想练习

冥想能给我们带来什么？

（1）收获内心的平静

在冥想当中，你可以将工作中的浮躁和急性子统统抛于脑后，然后让自己进入安静状态，还自己一个清清静静的世界。在浮躁的环境中，让自己的身体获得一个喘息的机会，这会让你的情绪得到极大的舒缓，还会让你的内心变得很平静，这个时候，你能想明白很多事情。去试试吧，也许冥想会帮助你突破目前的瓶颈。

（2）从冥想中获得来自自身的原动力

有时候，在繁琐的工作之中或者忙碌的生活中，你有没有感觉自己的激情好像已经消耗殆尽？你有没有感觉自己有时像一个一点就着的火药桶？

在冥想的过程中，你更容易感知自身的情绪变化。

曾有人说：如果没有冥想，我只能感受到压抑、难过、崩溃等许多负面情绪；学会冥想之后，我能够感受到更加丰富的来自身体内部的许多情绪反应，这有利于我在工作中更好地体会来自对手、客户或其他人的情绪感受。

（3）让自己的注意力更集中

在工作过程中，你有没有发现自己的脑子好像不够用了？你有没有发现自己的注意力很不集中，刚刚开会布置的任务仿佛一下子就忘记了？

这些都是身体对你高强度工作的一种本能反应。

但你不用着急，通过冥想，你能够让自己的注意力更加集中，自然也就能够避免记忆力不够用的尴尬情况，更能摆脱脑子不够用的状况。

冥想的目的在于让自己达到“无心”的境界。如果有思绪闯入，就将这种思绪当成是一片写着“思绪”字样的浮云，让它慢慢飘走，不必对它下任何评断，这片思绪没有所谓的是非对错，它只是一片浮云罢了。冥想之后，做几个行之有效的瑜伽姿势，会让你更加精神饱满，神清气爽。

推荐7招常练有效的瑜伽姿势

（一）三角式（见图1-9）

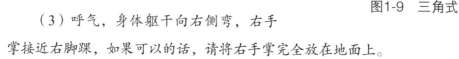

（1）深吸气，两腿分开，两脚与肩同宽或稍宽。两臂侧平举与肩齐，手掌朝下。手臂与地面保持平行。

（2）右脚向右旋转90°左右，左脚稍转向右，两腿伸展，膝部保持绷直。

图1-9　三角式

（3）呼气，身体躯干向右侧弯，右手掌接近右脚踝，如果可以的话，请将右手掌完全放在地面上。

（4）向上伸展左臂，与右肩形成一条直线，并伸展躯干。腿后部、后背以及臀部应该放在一条直线上，眼睛注视向上伸展的左手拇指，始终保持右膝挺直。

（5）保持这个姿势半分钟到一分钟，均匀深长地呼吸，然后还原，再进行反方向的练习。

姿势效益

* 减轻背疼；
* 缓和女性生理期的不适；
* 增进全面的力量和灵活性；
* 增强腿部肌肉，去除腿部和臀部僵硬，纠正腿部畸形，使腿部能均匀地发展；
* 改善体态，塑造腰部线条；
* 缓解背部疼痛以及颈部扭伤，增强脚踝，强健胸部。

（二）战士第二式（见图1-10）

战士第二式

战士第二式变形

图　1-10

（1）自然站立，两脚分开较大距离，手臂放在体侧。

（2）左脚稍朝内，右脚向右旋转90°，右脚跟对着左脚足弓。

（3）吸气时，两臂侧平举；呼气时，弯右膝，让小腿和躯干都与地面垂直。

（4）稍收下巴，同时轻轻地转头向右，眼睛注视手指，稍微收臀，双脚均匀地下压，左腿伸直，均匀缓慢地呼吸。根据个人能力保持该姿势5～30秒。

（5）慢慢把头转回正中，吸气时伸直右腿，呼气时两脚转到前面。

（6）放下手臂，休息片刻，然后换另一侧重复相同的练习。

（7）你也可以练习战士第二式变形姿势，左膝放至左腋下，右臂贴近右耳，伸展身体，进一步增强腰部灵活性和力量。

姿势效益

* 强壮双腿，消除小腿痉挛；　　　　　　使注意力更集中；
* 强壮双臂，增强平衡感，　　　　* 让腰部变得更灵活、更有力。

（三）战士第三式（见图1-11）

图1-11　战士第三式

（1）自然站立，手臂向上伸展，举过头顶，与地面垂直，提肩胛骨，两掌相合。

（2）呼气，躯干前倾，同时将一条腿抬离地面，抬起的腿尽量腿伸直，像棍子一样笔直。

（3）吸气，身体继续前倾，手臂向前伸展，与躯干、抬起的腿呈一条直线。在保持平衡的同时，除了支撑腿，整个身体与地面平行，支撑腿与地面保持垂直。深长地呼吸，保持这个姿势20～30秒。

（4）呼气，放下抬起的腿，转动双脚，换另一侧重复这个体式；然后呼气，回到起始姿势。

姿势效益

* 帮助收缩和加强腹部器官；
* 使全身和大脑都保持机敏；
* 使腿部肌肉更匀称和强健；
* 能够激发身体的活力，促进身体的敏捷度。

（四）半鸽式（见图1-12）

基本动作　　　　　　　　　　加难动作

图1-12　半鸽式

（1）放松身体坐直于地面，深呼吸。

（2）两脚弯曲，往左边方向伸展。

（3）双膝平放于地上，并且左右呈一直线，弯曲右臂钩住右脚背。

（4）左手伸往背后，绕过脖子，并将双手在背后相握，深呼吸，停留约数十秒。

（5）还原之后，换另一侧做同样的练习。

如果初次练习做不到双手相握，没关系，保持你能完成动作的极限状态，慢慢练习，你一定会有进步和收获。完成半鸽式时，停留时间可因人而异，如果体力好，可让自己多停留几秒。初学者在练习时，可以将意识力集中在手臂，腹部，腰部，大腿，膝关节至小腿，因为这些部位都是感觉的刺激点。能力强的练习者可以通过劈叉加大难度。

姿势效益

* 强化大腿及小腿曲线，让腿部曲线　* 使腰身更柔软、纤细；
　结实有弹性；　　　　　　　　　　* 美化手臂，消除手臂上的赘肉。

（五）轮式（见图1-13）

图1-13　轮式

（1）背部贴地面仰卧，双腿伸直，两手放在体侧，掌心向下。

（2）屈膝，将脚跟收回，紧贴在大腿后侧。

（3）两脚底应继续平放在地面上。

（4）如果体重较重或肢体特别僵硬，你可能发现自己无法让双脚紧贴大腿，如果是这样的话，可以让两脚跟尽可能靠近大腿的后侧。

（5）双手放在头部两边，掌心平贴地面，指尖向着脚的方向。

（6）深深吸气，拱起背部，将髋部与腹部向上升起。

（7）让头部向地面低垂，同时双手、双腿均用力向下按。

（8）舒缓平稳地呼吸。

（9）保持这个姿势，坚持10秒（坚持不到10秒的练习者尽力而为即可）。

（10）弯曲双肘，借此慢慢把头放低到地面上，接着让背部滑向地面。

（11）把双臂、双腿回复到起始姿势。舒适地休息一会儿，然后再做一次同样的练习。

姿势效益

* 收紧大腿和臀部的肌肉；
* 增强背部和手臂的力量；
* 增强颈部、胸部和肩膀的灵活性；
* 消除晨起后身体的僵硬和工作后的紧张；
* 培养良好体态，预防驼背；
* 增加骨密度，预防骨质疏松症。

（六）犁式（见图1-14）

图1-14 犁式

（1）背朝下躺在地面上。

（2）呼气，缓缓抬起双腿与地面垂直，保持这个姿势几秒钟，正常地呼吸。

（3）呼气，把双腿伸过头顶，脚趾碰到地面，保持双腿伸直，脚趾贴在地面上。

（4）如果把脚趾贴在瑜伽垫或地面上有困难的话，可以在身后放一把椅子，把脚趾放在椅子上。

（5）如果呼吸变得急促或者沉重，就不要把脚趾放在地面上，而是放在椅子上。

（6）根据个人情况，保持这个姿势1～3分钟，正常呼吸。

（7）在整个练习过程中，始终注视着自己的鼻尖。

姿势效益

* 收刺激腹部器官和甲状腺；伸展肩膀和脊椎；

* 对缓解更年期综合征有帮助；缓解压力和疲劳；

* 对背痛、头痛、脱发、失眠有辅助治疗作用；犁式的功效和下面的肩倒立式相同。

* 除此之外，腹部器官会由于收缩而恢复活力，脊椎前屈可使身体获得更多的血液供应，这有助于缓解头痛。患有肩肘僵硬、腰痛和背部关节炎的人可以通过这个姿势缓解疼痛。风寒引起的胃部疼痛也可以通过这个瑜伽姿势的练习得到缓解，立刻会感到轻松。

（七）肩倒立式（见图1-15）

双腿　　　　　　　　　　　　　　单腿

图1-15　肩倒立式

（1）仰卧，双手放于身体两侧，掌心向上，胸骨提高，双肩下压。

（2）呼气，在躯干不移动的情况下弯曲双膝，再呼气将臀部和髋部抬离地面，将膝盖带向胸部。

（3）将双手放于髋部，肘部用力下压地面，上提躯干，直至臀部与地面垂直，将双膝带向头部。

（4）双手下滑至背的中间，使手掌覆盖双肾部位，向上抬躯干、髋部以及膝盖，直到胸部接触到下巴，均匀呼吸，此时膝盖指向上方。

（5）双手按入背部，从腋窝到脚趾向上伸直，伸展整个身体。脊柱挺直，保持此体式2～3分钟。

（6）呼气，弯曲膝盖，将大腿带向胃部区域，再将身体放回地面。

姿势效益

* 舒缓高血压；
* 减轻失眠症，镇静神经；
* 改善甲状腺、副甲状腺的功能；
* 缓解哮喘、支气管炎及咽喉疾病；
* 减轻心悸；
* 对感冒和鼻窦堵塞有辅助治疗效果；

* 增进肠道蠕动，舒缓结肠炎、尿路疾病；
* 对痔疮、疝气有辅助治疗效果；
* 女性若在非月经期有规律地习练此体式，可以舒缓痛经性痉挛，还有助于调节月经量。

03 "不幸才能让人感觉高人一筹，所以当你称赞别人'你真幸福'的同时，他们往往还是在抱怨着"
——尼采

在生活中，人们总有无穷无尽的抱怨，我们仿佛把抱怨当成了一种休闲运动，却很少试着找出问题的解决之道，这些怨言最终变成了各种焦虑或压力，导致我们继续不停地抱怨，从而形成了死循环。

这里的重点是，压力并非来自我们所处的环境，而是来自我们对于环境的解读。

如何破解这种局面呢？

阿德勒对幸福与生活方式之间的关联进行了如下总结："人生其实并不复杂，而是我们将它变得复杂了，幸福的生活也因此变成了一件难事。如果我们能改变自己赋予人生的意义，世界会变得非常简单。"[1]

---

[1] 岸见一郎，古贺史健. 被讨厌的勇气："自我启发之父"阿德勒的哲学课[M]. 渠海霞，译. 北京：机械工业出版社，2015.

我们所赋予人生的意义，是我们如何看待自己和世界的一种表现。即使拥有同样的经历，每个人赋予这段经历的意义也不尽相同。当遇到挫折时，有的人可能只会看到挫折本身，而有的人却能从挫折中学到许多东西；有的人可能会认为身边都是些居心叵测的人，而有的人却觉得身边的人都在保护自己。

想要改变你对世界对自己的看法，不再抱怨，就得改变自身的行为和自己与世界的关系。我们需要打破固有的思维——了解我们到底需要什么？我们的目标是什么？

压力并非来自我们所处的环境，而是来自我们对环境的解读。适当的压力是一件好事，因为它会促使我们思考：我们需要怎样去学习？怎样去改变？如何循序渐进地改变？

毫无疑问，我们需要让运动带给我们新鲜的活力，促进我们积极思考。

减脂是大家都感兴趣的一个话题。那么什么是减脂？减脂的实质是什么呢？

减脂就是消除体内多余的脂肪，其实质是通过激活脂肪氧化供能系统，保持热量差。

接下来让我们来了解一下脂肪。

（1）脂肪是如何形成的？

人体通过食物获取脂类，在体内消化、吸收，形成甘油三酯（脂肪），并将其存储于体内。

（2）脂肪有什么作用？

脂肪是由脂肪酸和甘油结合而成，可以把脂肪看作身体储存脂肪酸的一种形式。

脂肪分解时释放的能量比相同重量的糖分解时释放的能量多得多，且不需同时储存大量的水。因此储存脂肪是一种非常经济的能量储存方式。

（3）脂肪的危害——过多的脂肪会影响身体机能。

比如，脂肪过多会使心血管出现血脂、血管堵塞，造成肺呼吸压力过大，并导致关节不灵活，或出现糖尿病等内分泌疾病。

该如何减脂？减脂的原理又是什么呢？

（1）减脂的原理

体内脂肪的合成与存储速度大于脂肪的消耗速度，是造成脂肪堆积的主要原因。

脂肪的代谢只能通过自身机体氧化分解的方式来实现。

脂肪需要激活有氧氧化供能系统才能进入快速代谢过程。

在磷酸原系统、糖酵解系统无法满足机体能量需求后，才会全面启动。

根据减脂训练的原理，我们应该遵循什么样的训练原则？

（2）减脂训练的原则

减脂训练两步走：1）加快糖原消耗，进入有氧氧化供能阶段；2）在保持运动强度的情况下，尽可能增加有氧氧化供能的时间。

在了解减脂的原理之后，我们该如何训练？

方法一　传统减脂方法（有氧运动减脂）。

方法二　无氧运动+有氧运动（加快糖原消耗）。无氧运动指力量训练等。有氧运动指快走、慢跑、游泳等。

方法三　HIIT高强度间歇性训练（High Intensity Interval Training），近期流行的减脂方法也被称为"燃脂神器"的无氧运动与减脂方法。

传统训练方法耗时比较长，对于想高效减脂的人来说，HIIT无疑是最佳选择。

（1）HIIT 的特点

单次训练时间短（<30分钟），其实，哪怕只进行5分钟HIIT训练，减脂也能有效；

以无氧训练为主；机体负荷相对较高；动作形式多样，以全身性运动为主；充分利用运动后恢复阶段，增加脂肪消耗。

（2）HIIT 原理

1）提高单位时间内脂肪消耗量；2）利用运动后过量氧耗（EPOC）原理，在训练停止后48小时内，仍能持续消耗脂肪。

什么是过量氧耗（EPOC）?

过量氧耗（EPOC）的定义：机体的摄氧量是由能量代谢决定的，虽然运动结束后多数肌肉会停止运动，但是由于能量代谢未恢复到运动前安静状态，所以摄氧量也没恢复到运动前安静水平，这种运动后恢复期内的机体摄氧水平高于运动前安静状态下的摄氧量水平，这也被称为运动后过量氧耗（EPOC）[1]。

我们再来看以下几个研究结论。

- EPOC持续时间越长，脂肪消耗越多。
- EPOC受训练强度影响最大，运动强度越高，EPOC持续时间越长。
- 与有氧耐力运动相比，间歇运动可以产生更长时间的EPOC。
- 与有氧耐力运动、间歇性运动相比，抗阻运动产生更长时间的EPOC。

（3）三大训练模式。

标准化HIIT——跑步、骑车、爬楼梯、跳绳等。

爆发性HIIT——器械、深蹲跳、Burpee（波比运动）和爆发力俯卧撑等。

（4）注意事项

HIIT是高强度运动，要做好以下几点防范措施。

1）运动前必须热身；2）单次训练时间不能太长（小于30分钟）；3）每周安排2～3次HIIT训练，满足EPOC对休息时间的要求；4）动作设计尽量覆盖全身肌肉；5）相同动作持续4～8周；6）初学者或过于肥胖者，需要先进行有氧运动训练，心肺功能调整好后，再进行HIIT。

（5）制订自己的HIIT计划

设计原理：

1）以减脂为目的，运动强度不宜过大；2）自选动作，循环组合，兼顾全身运动；3）不宜时间太短，不建议做5分钟以内的HIIT；4）训练过程中要全力以赴且均匀运动。

（6）HIIT实例

5分钟HIIT：1）开合跳；2）高抬腿；3）登山跑；4）单腿蹲（有能力者可在交换腿时进行跳跃）。

开合跳：跳分两腿，手臂上举，双脚落地时注意膝关节的缓冲（见图1-16）。

高抬腿：大腿高抬，交换腿时快速完成交换（见图1-17）。

---

[1] 田野.运动生理学高级教程[M].北京：高等教育出版社，2003.

图1-16　开合跳

图1-17　高抬腿

登山跑：身体保持平稳，腿尽量前抬，交换时又稳又快（见图1-18）。

单腿蹲：前面的大腿与地面平行，后面的大腿与地面垂直（见图1-19）。

选择一：每个动作分别练习30秒，休息30秒；练习50秒，休息50秒。

选择二：每个动作均练习15秒，总体训练1分钟，再间歇30秒或50秒，注重多种组合循环。

图1-18 登山跑

图1-19 单腿蹲（跳）

04　"你的荣耀无法改变你的起点，但却能决定你的终点"
——尼采

最快乐、最有成就的往往是那些清楚自己方向的人，尽管我们的目标可能很远大，也可能很渺小，但当我们有了人生的方向和目标，我们的存在无疑也有了价值，于是我们便可以专注于我们的生活：自尊、自爱、自信、自律、自重、自强不息。当我们专注于生活本身时，无论我们的出身有多卑微、过去犯过多少错，都已经不再重要。犯错本身就是学习，错误会让我们变得更清澈透亮，更成熟。

首先，我们知道，生活方式是由自己选择的。正因为是自己选择的，所以也可以由自己改变。其次，我们要知道，在这个世界上，除了我们现有的生活方式以外，还存在着其他的生活方式，不要只顾着讨厌现在的生活方式。你要相信，当你决定改变现有的生活方式时，尽管最初可能会不习惯，但它也许会使你过上简单而又幸福的生活，你也会因此而改变。

不要在乎过去的你，而是在乎现在的你。

现在的你，可以开始进行一组10分钟高强度间歇性训练，打造更美好的自己。

10分钟HIIT：① 深蹲（跳）；② 小哑铃俯身划船；③ 核心肌群练习；④ 立卧撑（波比跳）。

动作要领：

深蹲（跳）：臀部后坐，膝关节尽量不超过脚尖（见图1-20）。

小哑铃俯身划船：核心收紧，腰背挺直，肘关节夹紧，快起慢落（见图1-21）。

核心肌群练习：核心肌群训练动作有很多，以"V"字支撑为例，根据自身能力找到合适的身体和腿的位置，也可以屈腿降低难度，保持腰背挺直（见图1-22）。

立卧撑（波比跳）：这是一种全身性的训练动作，因其全身燃脂的功效，超受HIIT训练者的青睐。图1-23所示为立卧撑方法，要确保核心部位收紧。

选择一：每个动作分别练习15秒，两个动作间休息5～10秒，共练习2分钟左右，再间歇30～50秒，注重多组合循环，共进行10分钟练习。

选择二：按动作①②③、①②③、①②③④进行循环，每个动作练习20～30秒，根据个人情况做V字支撑，做到极限。两个动作间休息5～10秒。前两组前三个动作进行循环，第三组加入波比跳。三组结束后休息1分钟左右，再大组循环，共练习10分钟。

图1-20 深蹲（跳）

图1-21 小哑铃俯身划船

图1-22 核心肌群练习

屈体俯身下蹲

成俯撑

跳回俯身下蹲

原地起跳

图1-23　立卧撑（波比跳）

做完之后，人会感觉神清气爽。这就是累并快乐的感觉。此刻，你已经打造出更美好的你，祝贺你！

05　"不要奢望十全十美，只要今天比昨天做得更好就够了"——尼采

如果能够认识到自己的不完美，我们就能认识到自己的进步空间有多大，因为所有的失败或错误都在教导我们该如何精益求精。

在你被击倒的时候，才会有成长和挑战的机会。真正的挑战在于心智成长，情感充沛，精神强大。当你击倒困难时，你便会获得成长。

不要拘泥于他人对你的评价，一个人的价值并不在于他人如何评价你，而在于你对自己的认识与评价。在意别人的评价，就是在迎合别人对自己的期待，而且往往要迎合不止一个人的期待，而是迎合许多人的期待。很明显，你可能为此强迫自己做出很多努力，不断地看别人的脸色行事。而且，即使这样努力，你最后未必能达到所有人的期待。

成长伴随着阵痛，失去方能有收获，我们总有机会让下一秒变得比上一秒更美好。

当你开始爱自己时，世界是暖的。开始锻炼，就是进行自爱练习的开始。

体育运动项目有很多，有的人喜欢对各种运动项目浅尝辄止，最终什么也没学成。

无论你喜欢什么运动项目，或者有针对性地进行健身，都要从基础开始，要想学足球，哪能直接一开始就练习射门？要想练力量，岂能一开始就直接上杠铃？要想跑得快，也并非一开始就直接飞奔。

那么我们该从何开始？答曰：我们应该从基础动作模式开始学起，一点一滴地打好基础，逐渐进步，跟自己比，做更好的自己。

什么是基础动作模式？让我们一起来看看基础动作模式的概念。

人体重心进行前后、横向、上下移动的简单而又协调的身体动作模式就称为人体基础动作模式。

学习基础动作模式有什么意义呢？

基础动作模式决定了人体基础动作的正确性、稳定性与灵活性，是人体完成高质量竞技动作的基础。

既然基础动作模式如此重要，那么基础动作包含哪些动作？又该如何去练习？

其实，练习基础动作模式并不难，主要动作有双腿蹲、单腿蹲、推、拉、旋转和屈髋六类。[1]

基础动作

（1）双腿蹲：深蹲（见图1-24）是双腿蹲的典型代表，也是下肢蹬伸动作的代表。深蹲因其合理的结构、稳定的支撑、全面的肌肉参与，而被广泛应用于下肢基

---

[1] 崔运坤,贾燕,马琳,尹军.动作模式释义:定义、机制、分类、训练[J].沈阳体育学院学报,2017(32):98.

础力量训练中。[1]

【**动作要领**】臀部后坐，核心收紧，膝关节尽量不超过脚尖。

意义：跳跃的原型、功能的基础、力量的表现。

（2）单腿蹲：剪蹲（见图1-25）是单腿蹲的代表。深蹲虽好，但过于稳定，在生活和运动中，我们大多时候处于不平衡或不对称的状态下，剪蹲具有更强的功能性，很多花哨的功能性训练都是以剪蹲为基础发展出来的。剪蹲集力量、平衡、功能于一身，是训练中的多面手，几乎是所有双脚移动运动的必练之动作。

图1-24　深蹲

图1-25　剪蹲

【**动作要领**】（前）大腿与地面平行，（后）大腿与地面垂直。

意义：集力量、平衡、功能于一身，是训练中的多面手。

（3）推：指向外用力使物体或身体移动。

推有几种不同的训练形式，主要有以下三种：

推——远固定推：俯卧撑（见图1-5）。

【**动作要领**】身体呈一条直线，不塌腰，不翘臀，肩肘平齐，核心收紧，呼气推起。

意义：全面发展力量。

---

[1]　刘展.人体动作模式和运动链的理念在运动损伤防护和康复中的应用[J].成都体育学院学报,2016(46):1.

推——近固定推：卧推（见图1-26）。

图1-26　卧推

【动作要领】快起慢落，手臂伸直。

意义：上肢力量的最大表现。

推——实力举：双臂或单臂将重物举过头顶（见图1-27）。

图1-27　实力举

【动作要领】腰背挺直，核心收紧。

意义：增加上肢和核心肌群力量。

（4）拉：指用力使物体或自己朝自己所在的方向移动或跟着自己移动。

拉主要有以下两种训练形式。

远固定拉：引体向上（见图1-28）。

图1-28　引体向上

【动作要领】两臂悬垂在单杠上，两手宽握，正手握紧横杆，使腰背以下部位放松，背阔肌充分伸展。吸气，集中背阔肌的收缩力，屈臂引体向上至颈前锁骨处，然后接近或触及单杠；呼气，以背阔肌的收缩力量控制住身体，使身体慢慢下降还原，保持核心收紧。

意义：提升上肢悬垂力量、肩带和后背肌群力量和握力等。

近固定拉：颈前下拉（见图1-29）。

图1-29　颈前下拉

【动作要领】核心收紧，快起慢落。

意义：主要增加背部肌群力量。

（5）旋转：指身体围绕一个点或一个轴进行转动（见图1-30）。

图1-30　旋转

旋转包含固定旋转和无固定旋转，无论哪种旋转，都必须注意动作要领，才能真正提高动作效率。

【动作要领】核心收紧，旋转加速。

意义：提高灵活性，提升发力效率。

（6）屈髋：指髋关节折叠（见图1-31）。硬拉训练很好地体现了屈髋这个动作模式。

图1-31　屈髋

【动作要领】腰背挺直，核心收紧。

意义：保护脊柱，控制骨盆，提起重物。

　　基础动作模式在我们的生活和运动中随处可见，练好基础动作模式是健康生活的基础。人体基本动作模式是运动者实施自我调控功能、完成各种动作和运动技能、发挥运动技术水平和风格的重要结构保障。人体动作模式是动作和运动技能学习和发展的基石，也是人体运动链系的正常结构和功能的结果[1]。人体运动系统中全面而精准的功能基于复杂和完善的自身结构。

　　然而，现代人久坐少动的生活习惯和长时间低头屈颈的体姿，或者长期单一的身体运动或者进行不对称运动，使得人体运动链的结构和功能发生了适应性变化，例如体姿变化和肌肉失衡，这些会导致神经肌肉控制效率降低，动作模式发生扭曲并产生代偿性和反应性动作，从而增加运动中身体损伤的概率和患慢性软组织疼痛疾病的风险。

　　正确地理解人体基本动作模式的概念，通过有效的基础动作模式练习与运用，找出合理的预防性和矫正性训练方法，可以有效识别和降低运动损伤风险，提高运动损伤的防护和康复效果。老子说："合抱之木，生于毫末；九层之台，起于垒土；千里之行，始于足下。"让我们一起养成锻炼的习惯，建立积极乐观的人生观，在体育运动中为美好的生活打下坚实基础，坚定地朝着自己的梦想飞奔！

---

[1]　张英波.动作矩阵与动作模式训练解码[J].体育科研,2011(32):21.

第二章　唤醒充满激情的灵魂

06　"那些杀不死我的，将使我更坚强"——尼采

人生是不停前行、永不止步的。

创造健康美好的现在和未来是我们生活的意义。

犹太教教义中有这样一句话：如果你不为了自己而生存，那么还有谁能为你而生存呢？你就是你自己人生的主人公，不是别人人生舞台上的配角。如果你畏惧他人对自己的评价，为了迎合他人的评价而生存，那么你活的就不是自己的人生。[1]

珍视自己的5个步骤如下。

第1步　为自己而非为这个世界而活

不懂得爱自己的人总是急于寻求他人的肯定，往往会因为遭受拒绝而痛苦不堪，为了打破这个恶性循环，就必须认清我们不必取悦他人这个事实，我们要为自己而活。

第2步　避免与他人比较

与他人比较是不快乐的主要来源。虽然你认为他人有你所缺乏的特质，但你也拥有别人所没有的优点。不要总在意他人，走出你自己的道路来吧。

第3步　不要追求完美

你不完美，别人也不完美，因为完美的人根本不存在。我们都有很大的进步空间。

---

[1]　尼采,波西.尼采治焦虑:摆脱焦虑、静心安神首选心灵读本[M].武汉:长江文艺出版社,2014.

第4步　原谅自己犯下的错

尤其是原谅自己过去犯下的错，逝者已矣，来者可追，我们无法改变过去，执着于过去不会给我们带来任何好处。汲取教训，不重蹈覆辙，让所有错误都成为我们学习的机会，只有持续进步才能让我们不被过去束缚。

第5步　着眼现在和未来

与其死盯着过去的错误，不如积极采取行动，让自己往前更进一步。行动起来才会有进步。

健康需要行动来维护，让我们往美好更进一步，通过一点一滴的坚持使我们变得更强大、更坚强。

开始的时候，你可以做几个俯卧撑，也可以做核心肌群的稳定性训练。

什么是核心稳定性？

（1）定义：人体在运动过程中通过核心区的稳定为四肢肌肉的发力建立支点，为上下肢力量的传递创造条件，为身体重心的稳定和移动提供力量的身体姿态[1]。

（2）核心稳定性系统：保持核心稳定性是核心区的一个重要作用，核心区是一个区域，这个区域中的生理结构会影响整个区域的稳定性，这些生理结构共同组成了核心稳定系统[2]。

（3）作用与意义：

- 为运动过程中的基本姿势、基本动作和专项基本动作提供稳定性和支持；
- 可以参与发力，或成为发力的主要环节；
- 高效、稳定的力量传输；
- 上下肢协调用力的枢纽（承上启下）。

（4）训练目标：建立一个强大的核心肌群，在运动过程中，核心肌群可以像束腰一样稳定脊柱并保证力量的有效传导，一个动作的完成通常是一个动力链的传导

---

[1]　董德龙,王卫星,梁建平.振动、核心及功能性力量训练的认识[J]. 北京体育大学学报，2010(5): 105-109.

[2]　于红妍、王虎、冯春辉等.核心力量训练与传统力量训练之间关系的理论思考:核心稳定性训练[J]. 天津体育学院学报, 2008, 23(6):3.

过程，在这个过程中包含多个环节，躯干就是其中最重要的环节，当肢体发力时，躯干核心肌群蓄积的能量从身体中心向运动的每个环节传导。

核心稳定性的力量训练

核心稳定性的力量训练是指针对核心区肌群进行稳定、力量、平衡等能力的训练。目标肌群分为外部和内部肌群：外部肌群主要包括躯干前侧壁的腹肌、腹直肌、腹横肌、腹外斜肌、腹内斜肌、臀部肌肉（臀大肌、臀中肌、臀小肌、梨状肌等）以及背阔肌等（共21对）[1]；内部肌群主要包括横突棘肌群（半棘肌、多裂肌、回旋肌）和短节段肌群（棘间肌、横突间肌）等（共9对）[1]。

根据核心区肌群的工作方式，训练原理有以下两种。

静力性方式（稳定与杠杆）：作为躯干与下肢的连接体存在，作为一个中继站，保持力量在躯干内的稳定传递。

动力性方式（屈伸与旋转）：表现为新的动力源，可以整合、加速。

核心肌群的整体性训练原则是兼顾不同部位、不同层次，以系统的角度进行整体训练。

核心稳定性训练分三个阶段：阶段一，内层运动控制学习阶段，核心肌肉的等长收缩，学习并掌握独立控制稳定肌活动的能力；阶段二，内-外层连接控制训练阶段，稳定状态下缓慢运动，训练和建立稳定肌与运动肌协同活动能力；阶段三，功能能力训练阶段，不稳定状态下的静力性支撑、动态运动、动态抗阻运动、稳定状态下的动态运动，训练和改善腰椎节段、骨盆稳定性控制功能。

核心肌群的训练方法如下。

平板支撑：如图2-1所示，进行3组练习，每组练习40～60秒，组间间歇30秒。

---

[1] 韩春远，王卫星，成波锦等. 核心力量训练的基本问题:核心区与核心稳定性[J]. 天津体育学院学报，2012, 27(2):5.

图2-1 平板支撑

【动作要领】腰背挺直，核心收紧；肩、髋、踝在一条直线上，不塌腰，不翘臀。

侧桥：如图 2-2 所示，进行 3 组练习，每组 40～60 秒，组间间歇 30 秒。

图2-2 侧桥

【动作要领】腰背挺直，核心收紧；肩、髋、踝在一条直线上，不塌腰，不翘臀。

背桥：如图 2-3 所示，进行 3 组练习，每组 40～60 秒，组间间歇 30 秒。

图2-3 背桥

【动作要领】腰背挺直，核心收紧；肩、髋、膝或踝在一条直线上，不塌腰，不翘臀。

卷腹：如图 2-4 所示，8 次 ×3 组，组间间歇 10 秒。

图2-4　卷腹

【动作要领】仰卧屈膝，手扶耳侧，抬起上体，腰部不离开垫子，快起慢落，顶峰收缩。

俯卧两头起：如图 2-5 所示，8 次 ×3 组，组间间歇 10 秒。

图2-5　俯卧两头起

【动作要领】俯卧，双手大拇指冲上，双腿和上体尽量向上抬起，快起慢落，顶峰收缩。

07 "人类应当能够自我超越；人类是一座桥梁而非目的地"——尼采

每一个人都是一个独立的个体，阿德勒说：我只在觉得自己有价值的时候才会拥有勇气[1]。

不要在意别人怎么看自己，重新审视自己在学习和工作中的目的，看看自己有没有学到东西，有没有成长，而不必在意别人怎么评价你。

哈佛大学医学院临床副教授、临床精神病医生、跨学科研究专家、畅销书作者、国际公认的神经精神医学领域专家、《运动改造大脑》的作者约翰·瑞迪说："运动是天然的健脑丸。运动可以让你变得更聪明！"[2]

我们的极限到底在哪里？当你认为自己被局限限制住的时候，想想自己该做点什么来突破局限？

2500多年前，古希腊埃拉多斯山岩上刻着如下三句名言[3]。

如果你想强壮，跑步吧！

如果你想健美，跑步吧！

如果你想聪明，跑步吧！

想聪明？想健美？想强壮？那就先动起来吧！

今天让我们一起练习臀部肌群，拥有健康又有魅力的翘臀是我们的美好心愿。

首先，你要了解自己的臀部。

臀部的生理结构，如图2-6所示。

- 臀大肌：臀部三块肌肉中最大的肌肉，它的大小决定了整个臀部的围度。

- 臀中肌：体现臀部的翘度，决定腰背曲线是否完美。

- 臀小肌：属于深层肌肉，影响着我们臀形的圆润饱满程度。

---

[1] 阿德勒.阿德勒人格哲学[M].罗玉林，等译.北京：九州出版社，2004.

[2] Cuenca-Guerra R, Lugo-Beltran I. Beautiful buttocks: characteristics and surgical techniques[J].Clin Plast Surg,2006,33(3):321-332.

[3] 王淑雯，岳琏.中国女性骨盆图集[M].天津:天津科技翻译出版公司,2003.

臀部主要由三块肌肉组成

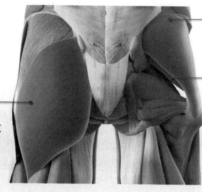

臀中肌
体现臀部的翘度，决定腰背曲线是否完美

臀小肌
属于深层肌肉，影响着我们的臀形的圆润饱满程度

臀大肌
臀部三块肌肉中最大的肌肉，它的大小决定了整个臀部的围度

图2-6　臀部肌群

臀部肌肉的作用：

- 加强核心稳定性，提高运动表现；

- 提高臀部肌肉的能量传递效率，为身体提供强大的向前动力；

- 降低腿部和腰部的压力，保护腿部和腰部肌肉和关节，预防和缓解跑步膝等运动损伤，以及预防腰椎间盘突出等伤病。我们将在后面的章节专门介绍如何通过运动预防缓解跑步膝和腰椎间盘突出。

有的人会发出疑问，"我明明是腰部、腿部有问题，为什么需要强化臀部的肌肉？"

首先，人是一个整体，人的运动符合动力链的规律。当整体的一部分出现问题时，其他部分也会因此受到影响。

以腰椎间盘为例，如果臀部的力量不足，就会影响到脊柱的运动模式，导致腰椎与骨盆的压力增加，给椎间盘带来不必要的影响，还会加重腰突症状。这是因为在进行腰椎活动时，需要收缩发力的不仅有腰椎的肌肉，还有臀部的肌肉。在我们弯腰转腰、侧弯腰时，如果臀部力量不足，就无法维持骨盆的稳定性，导致腰椎过度活动，从而增加腰椎间盘的压力。例如，在弯腰搬起重物的过程中，强壮的臀部肌肉会有助于控制腰椎的平衡稳定，防止腰椎过度向前或进行过快的弯腰活动。相反，如果臀部肌肉力量不足，无法配合腰椎活动，腰椎为了保持平衡很容易过度弯腰，从而增加椎间盘的压力[1]。

另一方面，臀部力量的不足还容易导致不良体态的出现，如长短腿、骨盆前倾（见图2-7）[1]。不良体态同样会增加腰椎和骨盆的压力。例如，臀部力量不足会导致骨盆前倾。骨盆处于前倾时，腰椎—骶骨的角度与腰椎曲度会增加，椎间盘后侧空间会变小，从而增加椎间盘后方的压力。

臀部肌肉是保持人类直立最重要的肌肉。不良生活方式会导致我们"臀肌退化"，日复一日的坐姿办公会导致臀大肌长期处于"休眠"状态。如果臀肌不能正常发挥作用，背肌就会代替臀肌完成一些功能。正是因为臀肌这种"偷懒"的行为，导致背部过度劳累。行走时不稳定的骨盆会增加腰椎的扭转角度（见图2-8），加剧腰椎压力，从而导致疼痛的发生。

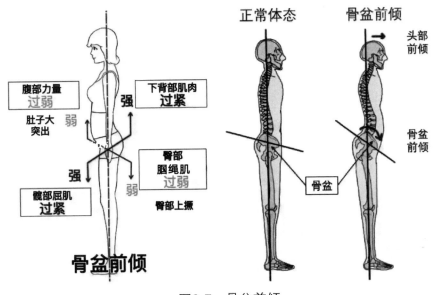

图2-7 骨盆前倾

---

[1] 帕斯卡. 论人的伟大[J]. 教师博览:上旬刊, 2007(3):1.

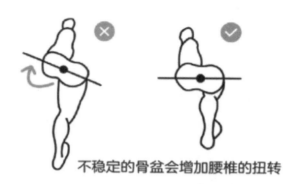

不稳定的骨盆会增加腰椎的扭转

图2-8　步行时骨盆的活动模式

即使你没有腰背和膝关节、踝关节疼痛等问题，薄弱的臀肌力量也会影响你的运动能力并且增加其他运动损伤的风险。

因此，我们要对臀部肌群进行激活，增强其发力意识。臀部肌群过于紧张的人，需要对臀肌进行拉伸放松、筋膜放松等；臀部肌群过于松弛的人则需要对臀肌进行强行募集；对于臀部肌群长时间不用，处于"休眠"状态的人需要进行臀肌精准集中刺激，防止其他肌肉代偿。臀部肌群具体训练方法如下。

训练方法

平衡盘或瑞士球背桥（见图2-9）：静力性动作，进行3组练习，每组40～60秒，两组练习之间休息30秒；动力性动作，进行8次×3组练习，两组练习之间休息10秒。

图2-9　瑞士球背桥

【动作要领】双脚放于平衡盘或瑞士球上，如果没有不稳定平面，双脚也可放至地面。增加不稳定平面能更好地激活臀部肌群，实现强行募集。静力动作保持腰背挺直，核心收紧；肩、髋、腿在一条直线上，不塌腰，不翘臀。动力动作做到快起慢落，顶峰收缩。

蚌式（见图2-10）：进行3组练习，每组3～6次，组间间歇30秒。

图2-10　蚌式

【动作要领】将弹力带或迷你带放至膝关节上方，达到臀肌精准集中刺激的效果。上面的腿向外快速外展，快展慢收，顶峰收缩。

弹力带侧步走（见图2-11）：每侧进行3组练习，每组3～6次，组间间歇30秒。

图2-11　弹力带侧步走

【动作要领】将弹力带或迷你带放至膝关节上方，达到臀肌精准集中刺激的效果，膝盖和脚尖朝同一个方向，向左右匀速侧走，步伐不要过大，手臂自然摆动。

第三章　感知激荡思想的境界

08　"伟大的成就往往来自于那些在喧嚣中能保持静默的人"——尼采

哲学家布莱士·帕斯卡（Blaise Pascal）说："思想形成人的伟大。"[1]

付诸行动的思想才是真正的思想。专注地做你热爱的事。

天天喊口号要运动，想法一大堆，就是不行动。

切莫将自己禁锢于思想的牢笼中，而是应该将思想付诸行动。

俄国诗人弗拉基米尔·马雅可夫斯基（Vladimir Mayakovsky）说："世界上没有比结实的肌肉和鲜活的皮肤更美丽的衣服。"[2]

当我们将运动融入生活并默默坚持，健康将是我们获得的最伟大的成就。

树老根先枯，人老腿先衰。腿部肌肉主要负责下肢静脉血的回流，有"人体第二心脏"之称。如果腿部肌肉的质量差，就会累及心脏，成为诱发心血管病的"帮凶"。

让我们现在就将腿部力量练起来！

训练方法

所有的下肢发力，都是从髋部开始的，因此，下肢力量训练应从激活髋部肌群

---

[1]　帕斯卡.思想录[M].何兆武，译.北京：商务印书馆, 1985: 157-183.

[2]　白秦龙.健全的精神寓于健全的身体[J].课程教育研究(新教师教学), 2014, (034): 219.

开始，了解并正常运用髋部发力能防止腿部代偿性肌肉肥大，使腿部保持良好腿形。
激活髋部肌群，让髋学会发力，掌握正确动作模式。

（1）硬拉（见图3-1）

进行3组硬拉练习，根据个人能力可适当增加负重，每组8～12次，组间间歇30秒。

【动作要领】屈髋屈膝，腰背挺直，核心收紧，若想增加肌肉刺激强度，也
可以练习单腿硬拉，如图3-2所示。

图3-1 硬拉

图3-2 单腿硬拉

（2）跳跃性练习（见图3-3）

【动作要领】触地时间短，落地就起。

跳跃性练习属于快速力量训练，快速力量练习的功效不仅包括增加肌肉力量，

还包括对肌肉进行塑形，一举两得。

训练方法：选择能力范围内的动作逐步提高，进行3组练习，每组10～12次，组间间歇30秒。

原地纵跳

原地分腿跳

原地抱膝跳

图3-3　跳跃性练习

（3）放松运动

腿部训练过后一定要做放松运动。放松运动可以缓解肌肉水肿、紧张、僵硬的情况，令长时间保持同一状态的小腿肌肉恢复自然弹性状态。要放松腿部，可以采用牵拉和利用器械进行肌肉和筋膜放松。

牵拉放松应与呼吸结合：鼻吸嘴吐，腹式呼吸。牵拉放松时要注意不要导致疼痛——严禁震颤牵拉；永远要在身体有热度（心率100次左右）时进行牵拉放松。

【动作要领】放松腿伸直，拉长小腿。

练习时间：30秒×2组

牵拉放松方法详见图3-4至图3-6。

图3-4　髋部肌群放松

图3-5　大腿前侧肌群放松

图3-6　大腿后侧肌群放松

泡沫轴（见图3-7）是利用人体自身的体重来对目标肌肉进行滚动按压，实现肌肉和筋膜的同时放松，从而有效缓解肌筋膜炎。

利用泡沫轴可以放松腿部肌肉和筋膜。在进行肌筋膜按摩时，要防止形成扳机点（激痛点）。

什么是肌筋膜？皮肤下面有一层柔软的结缔组织包裹着肌肉、骨骼和神经，它称为表面筋膜。肌肉和筋膜组成了肌筋膜系统。

【分享】肌筋膜疼痛综合征——肌筋膜炎。扳机点（激痛点）是指各种原因导致肌筋膜及肌纤维在局部痉挛，从而形成紧张性和痉挛性的结节。

利用泡沫轴放松的注意事项：

①重点部位（扳机点）停留；②轻柔移动身体，按压目标肌肉；③移动方向是从身体近端到远端；④以感觉肌肉确实放松为准。

不同肌群放松方法详见图3-8至图3-11。

图3-7　常用泡沫轴

【动作要领】核心稳定，双腿前后滚动。练习时间：腿部各部位均60秒×2组。

图3-8　小腿前侧肌群放松

图3-9　大腿前侧肌群放松

图3-10　髋部肌群和大腿外侧肌群放松

图3-11　大腿后侧肌群放松

09 "独立是少数人的事，也是强者的优势""积极的人将学会品尝孤独"——尼采

有人说，跑步是孤独的。但有时"万物静观皆自得"，你会在跑步过程中发现一些平常没有注意到的东西——凉风、鸟鸣和花香，这些一直都陪伴着你，其实，你并不孤独。

有人说，健身也是孤独的。通过言传身教，我家一个十岁、一个三岁的孩子每天跟我一起做运动，我一点也不感到孤独，而且有很大的成就感。

当然，对于有运动习惯的人，受伤的日子是最孤独的时候。因此，运动首先要考虑的是防伤和安全性。跑步毫无疑问是当前最重要的健身运动之一。跑步虽好，也要科学地跑步才好，否则就会影响健身效果，甚至伤了身体，例如：

- 阿喀琉斯的跟腱——跑上坡时，小腿和跟腱受到的冲击力会急剧增加，从而导致跟腱受伤；[1]

- 髂胫束综合征——膝盖和臀部过度扭曲，使髂胫束摩擦股骨髁骨，从而导致膝盖外侧受伤[2]；

- 外胫夹——胫后肌因超负荷工作，被拉离胫骨，导致胫部肌肉发炎及酸痛；[3]

- 足底筋膜炎——超负荷工作导致足底筋膜炎，我们会感到脚跟一阵阵刀割般的疼痛[4]。

不过，跑步可能导致跑步膝，跑步膝给我们带来的疼痛或许是最多的，今天我们来聊一聊跑步膝。

---

[1] Taunton JE, Ryan MB, Clement DB, et al. A retrospective case control analysis of 2002 running injuries. [J].Br J Sports Med 2002,2: 95-101.

[2] Baker RL, Fredericson M. Iliotibial band syndrome in runners: Biomechanical implications and exercise interventions. [J]. Phys Med Rehabilitation N Am 2016,1:53-77.

[3] 张洪军.初练跑步者姿势要讲究[J].青春期健康，2015(12):50-56.

[4] 崔俊玲.跑步不像想象的那样简单[J].健康管理，2014(3):82-83.

1．什么是跑步膝

（1）定义：跑步膝也称为髌股疼痛综合征，是由于跑步等运动造成的膝盖伤，是膝关节前方髌骨及周围区域各种疼痛症状的统称[1]。

（2）症状如下。

- 疼痛类型：时间长，但是痛感比较缓和。
- 疼痛位置：髌骨正中。
- 加重症状的动作：上下楼梯、爬山或爬坡。
- 静息时疼痛变化：坐下休息时依然感到疼痛。

（3）发病率：年轻、业余跑步爱好者更容易患跑步膝，同时女性发病率比男性高。

2．形成跑步膝的原因

（1）膝关节生理结构，如图3-12所示。

（2）发病机理：跑步时膝盖受到的冲击力是站立时的 5 ~ 7 倍，当髌骨承受太多垂直于膝关节的外力时，会导致髌骨和股骨的接触面过度磨损，从而造成病变。

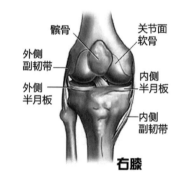

图3-12 膝关节生理结构

（3）发病原因主要有以下 4 点。

1）运动过量

年轻、业余的跑步爱好者自恃身强体健，跑步运动量不免过大，导致关节的磨损和冲击力超出了骨骼肌肉的承受能力，或是跑步增加的强度超过了骨骼肌肉的成长速度。

2）跑姿不合理

不正确的跑姿会增加膝盖的负荷和关节的磨损程度。

如图3-13所示，保护膝关节的正确跑姿：双脚着地时膝关节适度下压，着地点靠近中心，保持膝关节微屈。

---

[1] 李新华.健身跑中如何保护你的膝关节[J].科技与创新,2014(5):121-122.

图3-13 动态理想跑姿

不正确的跑步姿势以下几种。

- 落地点不正确：远离身体重心，如图3-14所示。

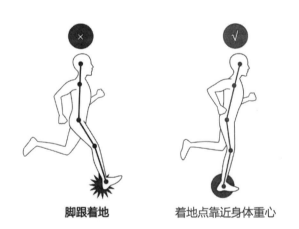

图3-14 落地点不正确的跑姿与正确跑姿对比

- 膝内扣：膝关节内翻

女性膝内扣现象较多，原因有多种，其中，生理原因使女性Q角*度通常比男性大（见图3-15）、足弓塌陷、膝两侧肌力不足或不平衡。

----

* Q角（Quadriceps-angle），即股四头肌夹角。

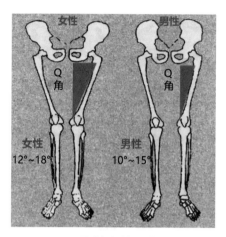

图3-15 男性女性Q角对比图

3）肌肉问题

肌力不足。例如，股四头肌、腘绳肌（见图3-16）力量不足会引起膝关节稳定性下降，易导致半月板损伤。前文提到过，臀部肌肉不足也是导致跑步膝的原因之一，如果臀部力量太弱，会导致腿部肌群股四头肌、腘绳肌力量过分代偿，致使膝关节压力过大，从而导致半月板损伤。因此，为了预防跑步膝，臀部肌群的训练不容忽视。

肌力不平衡，例如，股四头肌内、外侧肌力不平衡容易导致半月板损伤；大腿前后侧肌力不平衡容易导致髌骨损伤；伸髋肌群和伸膝肌群肌力不平衡会导致动作模式改变，增加膝关节磨损。

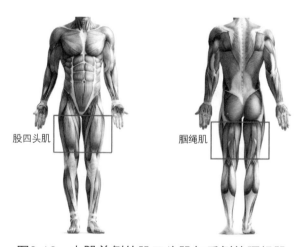

图3-16 大腿前侧的股四头肌与后侧的腘绳肌

4）跑前准备活动和跑后整理活动不充分

准备活动：帮助膝关节附近肌肉充分激活，促进关节液增加，刺激中枢神经兴奋（提高协调性）。

整理活动：有效放松膝关节周围肌肉（包括臀部肌群），增加肌肉弹性，缓解关节压力。

跑前准备活动和跑后整理活动不充分会增大膝关节受伤的概率，诱发形成跑步膝。

3．如何避免跑步膝

良好的肌肉力量是对膝关节最好的保护。要避免跑步膝，必须先做好力量训练。

（1）力量训练

• 深蹲（跳）：如图3-17所示，强化股四头肌、腘绳肌、臀大肌。

【动作要领】臀部后坐，快速爆发。8次×3组，两组练习之间休息30秒。

对于膝关节本身有伤的朋友，不建议进行跳跃活动，仅做深蹲即可，如若深蹲也无法完成，可以进行后面演示的静蹲练习，并避开疼痛角度。

图3-17　深蹲（跳）

• 箭步蹲：强化臀中肌、臀小肌。（见图3-18）

【动作要领】前面大腿与地面平行，后面大腿与地面垂直。8次×3组，组间间歇30秒。

图3-18　箭步蹲

● 弹力带侧步走（螃蟹步，见图3-19）：强化臀中肌。

【动作要领】膝盖和脚尖朝向同一个方向，步伐不要过大，手臂自然摆动。每侧进行3组练习，每组练习3～6次，组间间歇30秒。

图3-19　弹力带侧步走（螃蟹步）

● 蚌式（见图3-20）：强化肌肉外旋能力。

【动作要领】快展慢收，顶峰收缩。进行3组练习，每组练习3～6次，组间间歇30秒。

图3-20 蚌式

• 静蹲（见图3-21）：强化股四头肌。

【动作要领】腰背挺直，贴紧墙壁下蹲。注意避开疼痛的角度，选择无痛角度。

这是常见也是安全的训练方法。静蹲可以增加股四头肌的力量，对于髌骨软化症特别有效。

图3-21 静蹲

（2）跑姿矫正

• 练习落脚姿态：控制脚踝的位置，使其尽可能在膝盖的正下方，或是在膝盖略偏后的位置。膝盖处的弯曲将起到很好的缓冲作用，能纠正膝内扣等不良跑姿。

• 预防扁平足：

胶球激活足底筋膜

【动作要领】如图3-22所示，将胶球踩在脚下，前后左右滚动，稍加用力，保持微痛状态。练习时间：30秒×2组。

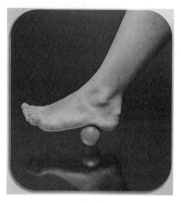

图3-22　胶球激活足底筋膜

弹力带足底拔河

【动作要领】如图3-23所示，脚趾屈曲夹住弹力带一侧，用手抓住另一侧，多角度变换拉动弹力带，脚趾始终用力夹住弹力带。练习时间：30秒×3组。

图3-23　弹力带足底拔河

在跑步前进行准备活动，多做动态拉伸和跑步的专门准备活动，在跑步后注意放松，放松方法参考上一小节腿部放松方法，结合使用拉伸和筋膜放松的方法。

10 "你身体里潜藏的智慧比你最深邃的哲思还要多"
——尼采

人体美是现实生活中的一种美，是进行生命活动的有机体表现出来的动态变化之美，严格符合解剖学特点和新陈代谢的生理规律。在艺术加工过程中，人体美一般是静态的，是艺术家形象思维凝固的结晶。艺术家们通过绘画、雕塑等形式为人们提供视觉感官享受。然而，人体美并不只是艺术家创作的一种艺术。人体美是静态的身体美，更是动态的身体美。身体美是人体美的源流。人体动态美是身体美的升华。人体美可以让人感受到整个身体的生机活力，同精神美、心灵美、行为美等相媲美。

如今健身圈流行练出"马甲线"。那么什么是"马甲线"？女性需要练出"马甲线"吗？"马甲线"对女性的身体意味着什么？

1. 了解"马甲线"

（1）什么是"马甲线"？当腹部没有赘肉且拥有一定肌肉线条时，就可以在肚脐两侧看到两条比较宽的直立肌肉线[1]。"马甲线"因为酷似马甲的线条而得名，如图3-24所示。"马甲线"是人体美的一种体现。

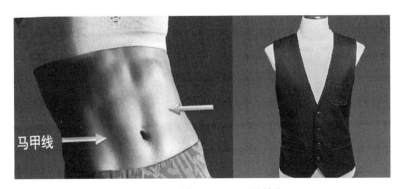

图3-24 什么是"马甲线"

如果脂肪是水，腹肌是石头的话，当水减少，石头变得更加饱满的时候，石头就从水中脱颖而出，水落石出，马甲线便形成了。

---

[1] 丁勇.马甲线效应下的形态美学研究[J].体育大视野,2018,(08):203.

（2）马甲线的实质——体脂比相对低，腹肌相对发达，两者缺一不可。

体脂比低并不一定就会有马甲线，因为没有腹肌的话，你有可能只是"皮包骨"。

仅有发达的腹肌也不一定有马甲线，如果脂肪过多，腹肌被脂肪覆盖，线条就无法展现出来。

（3）如何练出"马甲线"？

"马甲线"的生理基础：每一个人都有腹肌，腹肌块即腹直肌，腹直肌被肌腱的腱划分开，呈现出不同的个数（见图3-25）。因此，要想有清晰可见的"马甲线"，需要从减脂和增肌两方面进行训练。

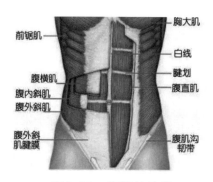

图3-25　腹肌的构造

（4）"马甲线"的误区

● "马甲线"是腹部力量的象征？它是人体美学上的一个参考，与腹部力量无关。

● 坚持锻炼腹肌，就会练出"马甲线"？体脂比不降下来，是看不到"马甲线"的。

● 锻炼腹肌能够减少腹部的脂肪？无论有氧运动、力量训练，或者前文提到过的EPOC（运动后过量氧耗），都需要通过全身运动进行减脂，不存在局部减脂的概念。

● 女生体脂比越低越好？脂肪对女性来说很重要，女性的正常体脂比是18%～28%。

● 只想要"马甲线"，不想要腹肌线？由于性别特点，女生即便是付出了比男生多得多的努力，也未必能够拥有腹肌线。

说一下腹肌线和"马甲线"的区别，腹肌主要指腹直肌，腹直肌是一块一块的，像巧克力一样；而"马甲线"主要指的是腹内外斜肌，是位于肚子上的两条笔直的线条，所以"马甲线"也叫川字腹肌，整体上看起来像一个小马甲，这也是它的名字的缘由。所以，男生倾向练出腹肌线（见图3-26），而女生练出马甲线足矣。

图3-26 男士明显的腹肌线

2．腹部肌肉训练

（1）需要训练的目标肌肉：腹直肌、腹横肌、腹内斜肌、腹外斜肌。

（2）训练的整体性原则：兼顾不同部位、不同层次。

（3）训练方法如下。

稳态下的静力性训练

平板支撑

【动作要领】图3-27所示，腰背挺直，核心收紧；肩髋踝在一条直线上，不塌腰，不翘臀。

平板支撑是一项综合性的腹部训练，对激活腹直肌很有效果，能有效雕刻马甲线。根据个人能力完成3组练习，每组1～2分钟。

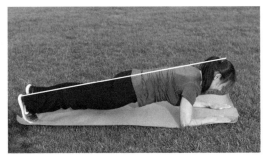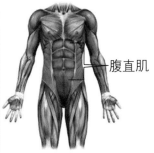

腹直肌

图3-27 平板支撑

侧桥

【动作要领】如图3-28所示，腰背挺直，核心收紧；肩髋踝在一条直线上，不塌腰，不翘臀。

打造马甲线需兼顾腹部侧面的腹内斜肌和腹外斜肌，腹部侧面肌群的训练有助于更好地塑造"马甲线"。侧桥能够很好地锻炼腹部侧面肌群。

根据个人能力完成3组练习，每组1~2分钟。

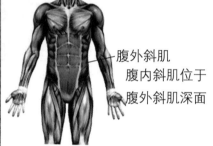

腹外斜肌
腹内斜肌位于
腹外斜肌深面

图3-28 侧桥

稳态下的动力性训练——分别练习腹直肌上、中、下部

卷腹

【动作要领】如图3-29所示，快起慢落，顶峰收缩。

练习数量：每组12~15次，3组，组间间歇30秒。

图3-29 卷腹

仰卧两头起和仰卧举腿

【动作要领】如图3-30所示，两个动作都从平躺姿势开始，仰卧两头起尽量用手指去触碰脚尖；仰卧举腿双腿尽量伸直，下落时尽量不触碰地面再进行下一

次练习。快起慢落，顶峰收缩。

练习数量：每组8～12次，3组，组间间歇15～30秒。

图3-30　仰卧两头起和仰卧举腿

非稳态下的静力性训练：非稳态募集深层肌群，兼顾深层和浅层肌肉，包括腹横肌。

瑞士球直臂俯桥

【动作要领】：如图3-31所示，腰背挺直，核心收紧，肩、髋、踝在一条直线上。

根据个人能力完成3组练习，每组30秒至2分钟。

图3-31　瑞士球直臂俯桥

腹部训练的原则——整体性原则：兼顾不同部位、不同层次。

动力性训练：快起慢落，顶峰收缩。

静力性训练：时间安排合理，动作标准。

动静结合，深浅兼顾，塑造形体，坚持天天练习腹肌！

我们已经了解，仅仅进行腹肌训练并不能练出"马甲线"，我们还需要进行减脂，减脂运动可参考第一章第三节。

当然，请记住：要塑造形体，还需要控制饮食。控制饮食不是饿着自己，而是给身体更好更全面的营养！

每天摄取新鲜的蔬菜与水果、高质量的蛋白质，每天摄取富含纤维的五谷杂粮及豆类，每天摄取均衡的饮食，不过度饮食，减少摄入盐腌、烟熏及烧烤食物，维持理想体重[1]。

养成良好饮食习惯：早上吃好，中午吃饱，晚上吃少。

要塑造美好的形体，就要养成良好的生活习惯，打造健康和美丽的生命。

[1] Vansteenkiste, M., J. Simons, B. Soenens, and W. Lens. "How to Become a Persevering Exerciser? Providing a Clear, Future Intrinsic Goal in an Autonomy- supportive Way." Journal of Sport & Exercise Psychology, 2004. 26 (2): 232–249.

第四章 体验生命内涵的绽放

11 "每个痛楚总要有人付出代价；每则怨言都蕴藏着复仇的种子"——尼采

成长的路上充满挫折和挑战，真正的挑战源于心智成长、情感充沛和精神强大，当击倒困难你便会获得成长。成长伴随着阵痛，失去才会有收获。

生命中的痛苦无可避免，但我们可以选择是否活在痛苦中。

挫折像是一块石头，对于弱者来说它是绊脚石，让你停步不前；而对于强者来说它是垫脚石，使你站得更高[1]。

人生总是充满逆境，我们却要不断前进。愿你不会屈从于命运的安排，坚韧不拔，锲而不舍，做生活的强者。

很多人觉得活得很累，过得很不快乐。其实，人只要生活在这个世界上，就会有很多烦恼。是痛苦还是快乐，取决于你的内心。如果不能成为战胜痛苦的强者，你便会成为向痛苦屈服的弱者。生活的重担，无论是笑着还是哭着，都必须承担着。再不顺的生活，微笑着撑过去便会迎来胜利。

人生会面临许多困难和失败，这些只是生命乐章中的一串不协调的颤音。通过勤奋和拼搏，你会奏出生命乐章的动听之音，赢得热烈的喝彩，我们的人生由我们自己做主。

---

[1] 赵宁. 给孩子一颗坚韧的心[M].北京: 新世界出版社, 2007.

当身体出现健康问题的时候，我们会感到痛苦，这个时候不要忘记，我们还有运动这味良药。运动是良医，医体又医心。

关于健康的一个特别热门的话题是——肥胖引起的疾病。我们在前面介绍过HIIT减脂，接下来我们将具体谈一谈：什么是肥胖？如何衡量肥胖？怎样避免肥胖？怎样改善肥胖？

1．什么是肥胖？

（1）定义：从医学角度讲，肥胖是指身体脂肪的过度堆积，对健康造成了严重的危害[1]。

（2）如何衡量肥胖：可以通过体质指数和体脂百分比来衡量肥胖。

BMI指数（体质指数）：

BMI=体重（kg）÷身高^2（m^2）

偏瘦：BMI<18.5；

正常：BMI=18.5～23.9；

超重：BMI>24

体脂百分比：

体脂百分比=（脂肪重量/体重）×100%

女性：18%～28% 体型正常；

男性：10%～20% 体型正常。

（3）减肥的实质——减脂（降低体内脂肪比例）

2．减脂的原理

（1）脂肪的形成：通过食物摄入的各种脂类，经过消化、吸收形成脂肪，存储在体内（大网膜、脂肪细胞）[2]。

（2）减脂的方向

1）改善饮食结构——控制脂类摄入量

2）消耗多余脂肪——减脂训练

---

[1]　王玉婷，蔡景龙.肥胖治疗的现状和进展[J].中国美容医学，2007，16(12):3.

[2]　倪国华，张璟，郑风田.中国肥胖流行的现状与趋势[J].中国食物与营养，2013，19(10):5.

人体三大供能系统：

- 磷酸原系统

- 糖酵解系统（血糖、肌糖原）

- 脂肪氧化系统

【分享】你知道肥胖会引起哪些健康问题吗？

- 心血管：高血脂、血管堵塞

- 内脏功能性：肺呼吸压力太大，肝胆胰脏疾病

- 骨骼：关节疼痛

- 内分泌、代谢性：糖尿病

【误区】

误区1："脂肪没好处！越瘦越健康！"

误区2："我太重了！"＝肥胖？

误区3："我看起来并不胖！"＝不肥胖？

以上三种观点都属于误区，适当的脂肪可以给我们的身体提供能量，是身体健康的表现，尤其女性，脂肪太少会引起很多问题，甚至会影响生育；体重大并不代表肥胖，有可能是肌肉含量高，同样，体重轻也不代表不肥胖，有可能你的内脏脂肪是超标的。

供能系统的特点

三大系统的功能效率、持续时间、供能总量不一样。

三大系统按顺序进行供能，当前一系统供能水平无法满足机体需求时，后一系统才会全面介入。

任何时候，三大系统都在工作，但供能比例会随运动强度和持续时间的变化而变化。

（3）减脂原则

1）脂肪氧化供能效率最低，需要一定的转化时间，因此要控制运动强度。运动强度不宜过大，运动时间不宜过短，否则机体会产生过多的糖酵解产物——乳酸，从而导致快速疲劳。

2）脂肪氧化系统是最后全面介入的系统，当糖酵解供能无法满足运动强度需求的时候它才会介入。因此我们需要在前期通过高强度的训练快速消耗体内糖分。

3）脂肪氧化系统需要大量的持续的氧气供应。因此在进入脂肪氧化系统供能后，运动强度需要控制在一定范围，并保持一段时间。

【结论】

根据减脂原则（前面章节我们提到过），要想获得最高的减脂效率，应在有氧训练之前先进行无氧训练，这样做是为了激活供能系统中的脂肪氧化系统。

减脂方法：先无氧再有氧。对于力量训练，推荐前面介绍过的俯卧撑。

（1）力量训练——俯卧撑（徒手训练之王）

【动作要领】身体呈一条直线，不塌腰，不翘臀，肩肘平齐，核心收紧，呼气推起。

（2）有氧训练

- 三大经典项目：快走、慢跑、游泳

- 有氧训练减脂原则：先长后远——长是指时间长，远是指距离远。

举个例子，第一周我们可以进行30分钟有氧运动；第二周我们可以进行40分钟有氧运动；第三周我们可以在30分钟内走得、跑得或游得更远。先长后远的原则就是先逐渐增加运动时间，然后在固定时间内增加强度，循序渐进地达到良好的减脂效果。

（3）注意事项

- 大体重人群：不会游泳，跑不动，走起来费劲，该怎么办？

答：大体重人群应该重点放在低强度训练，甚至是增加日常活动上。例如：散步、爬楼梯、遛狗、做家务等。养成运动起来的习惯，给心理和生理一个准备时间，不要着急，健康生活是在细水长流中形成的。

控制减脂速度：一个月减多少斤合适？减越多越好？

答：一个月减脂不超过5斤，否则会造成营养不良且极易反弹。

运动了三个月，第三个月我的体重出现不降反增的现象，这是什么情况？

A．恭喜你，你的肌肉成长了；

B．调整你的运动方式或强度；

C．你有没有肆意饮食？！

有人可能会问，HIIT运动时间短，减脂效率高，还需要做有氧运动吗？其实这两种训练各有优劣。

HIIT的优势是强度足够高，弊端也是强度足够高，高强度会导致不适合进行高频高量训练，否则容易出现过度训练反应。同时，高强度要求也使得HIIT训练并不适用于新手。

传统有氧运动的优势是能够直接分解脂肪，训练量足够大，几乎适合所有人。但弊端是由于强度低，所以必须执行很高的训练量才有可能获得持续收益，且基于负荷渐进原则，越到后期，训练量是越大的。这可能使得每个有氧日都给心理带来很大的负担。

所以这两种训练在减脂时实际上是互补的。

以一周5次训练为例，你可以将两次HIIT分别安排至周一和周五，确保身体在两次高强度训练之间能够得到充分恢复，并在此间隔内安排强度相对较低的传统有氧来确保训练刺激的持续性。与只采用某种固定训练模式的训练方法相比，这种多样化且负荷存在高低起伏的周期编排不仅更符合多数训练者的生理特点，也更容易坚持下去。

科学的减脂计划可采用：一周练五次，力量隔天练，有氧力量穿插练。

给大家一个简单的减脂训练计划（见表4-1）：一周训练3~5次，你可以选择适合自己的减脂训练方式，在每周计划中穿插安排力量、有氧以及HIIT训练，按自己的时间安排进行锻炼。

表4-1　减脂期训练计划

日期	训练内容
周一	力量/HIIT
周二	有氧
周三	休息
周四	力量
周五	有氧/HIIT
周六	力量
周日	休息

从现在开始，摆脱不健康的生活方式，今天的你，运动了吗？

12 "所有真正伟大的想法都是在散步时孕育出来的"
——尼采

偶然读到了"散步哲学",觉得很有意思,与大家一起分享。

哲学家喜欢走小路,不爱走大路,似乎从未听说过"哲学家大路",想必这与哲学家最忌讳随波逐流、人云亦云有关。哲学家总是喜欢独辟蹊径,在孤独和幽暗中沉思,在寂静与闲适中漫步。

哲学家之路,并不是平坦的大道,也难见川流不息的行人。这种山间、林中小路上的常客往往是一些大智若愚、似非而是的独行者[1]。他们的一生可能有寂寞相陪,孤独相伴,甚至无法摆脱贫穷、困苦之阴影。

哲学家或许不被同时代人所了解,不被亲人、邻居所理解。但在其丰富的内心中,他们感到了人生的充实和伟大,并会以其不为时空所限的胸襟、气魄来"指点江山,激扬文字",把人类的智慧表现得淋漓尽致。

屈原在《离骚》中留下了"路漫漫其修远兮,吾将上下而求索"的千古绝句;鲁迅先生在《故乡》一文中也曾有过"其实地上本没有路,走的人多了,也便成了路"的至理名言。

马克思关于"只有在崎岖的小路上勇于攀登的人才有希望到达光辉顶点"[2]的精辟分析,曾激励了几代人艰苦奋斗、锲而不舍。现代哲人海德格尔的脍炙人口的《林中路》亦诗化了哲学,给人带来幽邃之美[3]。

如此看来,哲学家与小路结缘是有某种必然性的。

在欧洲许多城市,都有所谓的哲学家小路,在诸多的哲学家小路中,最著名的当数德国城市海德堡的哲学家小路了[4]。

海德堡位于法兰克福和斯图加特之间,是德国巴登-符腾堡州的一个著名的旅游

[1] 邢贲思. 哲人之路[J]. 求是, 1989(2):2.

[2] 李莉. 校对工作:求"真"求"美"的实践活动[J]. 石油大学学报:社会科学版, 2000, 16(5):2.

[3] 魏韶华, 李霞, 金桂珍. "林中路"上的精神相遇:在鲁迅的"庸众"与海德格尔的"常人"之间[J]. 兰州大学学报:社会科学版, 2005, 33(2):5.

[4] 陈赛文. 海德堡的哲学家小路[J]. 科学大观园, 2011(20):3.

城市。海德堡城市坐南朝北，内卡河绕着海德堡城划出一道美丽的弧线，河水静静流淌，讲述着这座古老城市的故事。城市对面的圣山上一片绿荫，著名的哲学家小路就隐藏在海德堡城北岸的圣山上[1]。

漫步市区，穿过人群和车辆涌动的街道，一直往北，直到内卡河边。内卡河边有一座新桥，河水在阳光下熠熠发光。站在桥上往东眺望，不远处就是著名的老桥。河上有少许船只来往穿梭。走过大桥不久，往西一拐，就会来到一路口，抬头望去，就会看见一树干上横钉着一白色小木块，上面写着"哲学家小路"。[2]

据说当年黑格尔最喜欢在这条小路上散步思考，1816年至1818年间，黑格尔曾在海德堡大学任教，在海德堡大学教授逻辑学、形而上学、人类学和心理学等课程。1817年，他出版了重要著作《哲学全书》[39]。在授课写作之余，散步是黑格尔必不可少的运动。当时在海德堡的学生中流传着这样一则关于黑格尔的笑话：有一次，他一面沉思一面散步，天下雨了，他的一只鞋子陷进了烂泥中，但他并未发觉，仍然继续往前走，一只脚穿着鞋，另一只脚只剩下袜子[3]。

此外，哲学家苏格拉底也在散步中完成了他的哲学，并在散步中完成了对"哲学家"的定义：哲学家根据真理的知识写作，他们不是将知识写在纸上，而是直接写入读者的心灵里[4]。哲学家亚里士多德后来干脆将自己建立的哲学学院命名为"散步者"，他的教学方式之一就是散步。

如今，在福建武夷山五夫镇，也有一条小路被后人称为"中国哲学家小路"，据说，这是中国思想家朱熹当年经常走的路。这条小路从朱熹居住的府前村紫阳楼到兴贤书院，路上铺满鹅卵石[5]。这条路的命名其实是后人借鉴了海德堡的哲学家小路，于是，中西方的哲学家小路产生了共鸣。

在哲学家之路上，人们会有徘徊、有小憩、有回首、有展望，他们虽有探究宇宙和人生奥秘的共同志向，但方向却各有不同。现在的你，有没有一种冲动想现在就去散

---

[1]　陈赛文.海德堡的哲学家小路[J].科学大观园, 2011(20):3.

[2]　张桂权.知识、恶与"原罪"：黑格尔《哲学全书·逻辑学》对"原罪说"的解读[J].四川师范大学学报：社会科学版, 2012, 39(4):5.

[3]　崔鹤同."忘我"的名人[J].教育艺术, 2000(4):13.

[4]　夏宏.苏格拉底哲学教育观的启示[J].现代大学教育, 2009(3):4.

[5]　金戈.千鸟在林不如一鸟在手[J].中国人才, 2006, (1):1.

步，无论是否去"哲学家小路"，只要走出去，哪怕只是呼吸一下新鲜空气，都能让你感受到不一样的风景和心境；也许你是为寻找真理而四处漫游，读万卷书，行万里路；也许你只是想安静地思考……那就出去走走，散步不仅能够令身心愉悦，还能让你知道"哲学家小路"的故事，而且你知道许多伟大的想法都是在散步时孕育出来的。

了解"哲学家小路"之后，是不是感觉思想与运动不可分割？随着人们健康意识的提高，健步与徒步走正逐渐成为很多人生活的一部分。健步与徒步走可以促进身心健康，其速度介于散步和竞走之间，健步与徒步走的运动方法易于掌握，不易造成运动损伤。健步与徒步走不仅可以锻炼身体，还可以让你欣赏自然美景，促进人际交流，陶冶情操。由于适合不同年龄和不同体质的人群，因此健步和徒步走成了很多人采用的一种养生方式。

初识健步走

健步走，即加快速度的走路。这与哲学家们的散步是有区别的。由于健步走方法容易掌握，不易造成运动伤害，所以适合不同年龄的人群，人们可以根据自己的时间随时随地练习健步走。

健步走有哪些功效呢？

健步走被认为是较为完美的健身方式，它属于全身运动，不仅可增加腿部肌肉力量、提高腿部灵活性，还可以调用全身的肌肉参与到运动中去。此外，健步走还可以让全身器官处于活跃状态，达到强身健体、提高身体机能的健身目的。

从运动学的角度讲，健步走属于相对缓和的运动方式，虽然运动过程中造成的负荷较小，却可以消耗相对多的热量。经常坚持健步走不仅可以强化骨骼力量和增强心肺功能，还可以降低胆固醇，预防心血管等疾病[1]。

健步走除了上述功效之外，还有以下作用：

- **提高心肺功能和耐力** 健步走可以降低安静时和同等负荷下运动时的心率，提高肺活量；同时还可以降低心血管疾病和心脏突发疾病的发生概率和严重性。

---

[1] 王正珍, 王安利, 王松涛,等. 61～65岁女性8周健步走前后超声心动图变化的分析[J]. 北京体育大学学报, 2005, 28(9):3.

- **改善血液质量** 健步走可以增加全身血容量、降低血液的黏稠度，还可以提高红细胞的携氧能力、增加组织器官的血流量，有效防止动脉硬化，并预防脑血栓、心肌梗死等并发症的发生[1]。

- **调节血管机能** 健步走可以增加毛细血管数量，改善末梢循环，降低高血压疾病的发病率，改善冠状动脉循环，降低动脉粥样硬化等疾病的发病率[1]。

- **促进骨关节健康** 健步走可以增强骨密度、骨关节力量，增加韧带、肌腱的力量，可有效防止多种骨、关节、肌肉、肌腱的损伤，降低骨质疏松症发生的危险性。

- **增强免疫力** 健步走可提高抗病能力，加快病后康复速度。

- **改善心理状态** 健步走可以缓解精神压力，增加自信心和自我控制能力，还可以有效减少抑郁症的发病概率。

- **提高睡眠质量** 长期坚持健步走可以有效缓解精神压力，使兴奋灶发生转移，从而促进睡眠。

通过了解健步走的功效我们发现，其实健步走也有不同的分类。

健步走不同于散步，散步不拘于形式，可以从容地缓缓步行，是一种像是"广步于庭"的有益健康的缓步行走。而健步走需要达到一定的运动心率和运动时间，才具有减脂塑体强身健身的作用。

根据不同的人群和不同的健身目的，健步走的分类也不尽相同。从运动的目的性出发，健步走可以分为轻松走和健身走。

- **轻松走** 该类型的健步走主要以愉悦心情兼顾健身为目的，是一种轻松愉快的健步走方式，行走起来不会感觉到气喘，步速介于每分钟70步左右[2]，属于慢速健步走范畴。

- **健身走** 该类型的健步走主要以健身和增强体能为目的，每分钟的步速超过90步，属于中速健步走和快速健步走范畴，健身走包括徒步走和竞走。

对于纯粹为了健身而进行健步走的人来讲，健步走的速度决定了健身的效果，

---

[1] 张晓峰.跑出来的大作家:村上春树的健康之路[J].长寿,2015(1):2.

[2] 练艺影,王正珍,李雪梅,等.20～59岁年龄段普通成年人健步走推荐速度及步频的研究[J].北京体育大学学报,2012,35(7):4.

因此我们可以将健步走划分为慢速、中速、快速和极快速4种类型。其中，慢速健步走每分钟70～90步，中速健步走每分钟90～120步，快速健步走每分钟120～140步，极快速健步走每分钟140步以上[1]。

那么，健步走到底该如何进行？以什么速度行走？每次行走的时间应该多长？每周走几次？这些必须根据个人体能和健康情况而定，应量力而行，切勿运动过量。一般情况下，年轻人可以进行快速或极快速健步走，距离和时间可以相对延长，中老年人多进行慢速和中速健步走。总之，每天坚持健步走，持之以恒地走下去，并将健步走作为一种生活方式，你就会看到预期的运动效果。

健步走技术

健步走不是简单的走路，也需要掌握一定的技术，才能达到矫正身姿和健身塑体的目的。正确的健步走不仅可以使运动快速有效，还可以避免扭伤等一些可控运动损伤的发生。将走路演变成健身是一种思维转变，这种转变可以在健步走过程中使步伐变得更加平稳有序，还可以极大限度地促进热量的燃烧。

（1）健步走姿势

健步走是在自然行走的基础上，保持躯干伸直，收腹，挺胸，抬头并行走，随着步伐速度的加快，肘关节开始自然弯曲，并以肩关节为轴自然前后摆臂，此外，应该是脚跟先着地，然后过渡到前脚掌并推离地面。健步走时，上下肢应协调运动，并配合深而均匀的呼吸。健步走的主要技术特点如下所述。

- **躯干：** 身体挺直，双肩向后，前胸挺起，耳朵、肩膀和股骨凸起点三点一线，减少背部疲劳。
- **头部：** 保持直立，头顶的百会穴会感觉像是有一根绳子牵引一样垂直向上顶，这还可以避免颈肩过度前倾并调整颈椎位置，同时避免长时间行走对椎管内神经和血管造成压迫，从而导致头晕、缺氧等状态。
- **视线：** 保持直视状态，不可低头俯视，视线落于前方3～6米处，比安全范围稍远一些。

---

[1] 练艺影, 王正珍, 李雪梅, 等. 20～59岁年龄段普通成年人健步走推荐速度及步频的研究[J]. 北京体育大学学报, 2012, 35(7):4.

- **呼吸：**一般采用口鼻同时呼吸，以鼻呼吸为主。呼吸要有节奏，一般是两步一呼，两步一吸。

- **摆臂：**健步走时最好弯曲摆臂，肘关节呈90°，类似于慢跑中的摆臂动作。因为直臂摆手时离心力过高，长时间行走会导致血液回流不畅，从而出现手臂麻、胀的感觉，影响神经末梢循环，而弯臂摆手可以避免类似的问题；在摆动过程中，手臂尽量沿体侧前后摆动，幅度可以稍大些，以达到锻炼上肢的目的。

- **腰腹：**在健步走过程中，需要始终保持腰腹收紧状态，切勿出现挺腰或弓腰的姿势。

- **臀部：**健步走过程中需要保持躯干的扭转，也就是左右转动臀部；在行走过程中，要潜意识地将臀部当成腿部的一部分，让其参与到行走中，如此一来，便可以有效锻炼到腰腹。

- **脚部：**脚跟着地，过渡到前脚掌，以便让脚趾发力蹬离地面。

- **步幅：**步幅是按照个人身高而定的，最理想的步幅是身高乘以$0.45 \sim 0.5$[1]，步幅过小容易出现小腿酸疼现象；步幅过大则会增加膝关节的冲击力。

（2）纠正错误姿势

每个人都有自己独特的走路姿势，对于人们已习惯的姿势，即使是错误的姿势，人们也很难察觉。因此，为了达到健身目的，促使身心健康，需要纠正健步走中经常遇见的一些错误姿势，从而降低运动损伤的风险。一般情况下，健步走经常出现的错误姿势包括下列三种。

- **腰部倾斜：**腰部倾斜是指臀部后翘的一种走路姿势，如果以这种姿势进行长时间的健步走，腰的下半部会出现疼痛感。背墙而立，收紧腹部，先使整个身体稍微前倾，然后臀部顶住墙，此时的上身仍然保持前倾状态，这种姿势便是腰部倾斜，我们应当时刻避免采用这种姿势进行健步走。

- **步幅过大：**在健步走过程中，如果步子迈得过大，就会导致脚后跟着地时

---

[1] 霍洪峰, 吴艳霞, 高峰,等. 男性老年人健步走足底压力分布与步态特征[J]. 中国康复医学杂志, 2009(12):4.

破坏了脚步向前的动作，迫使身体进入下一个动作，从而形成一种"跳跃感"的走路方式。对于这种情况，可以试验最长到最短的各种步幅，从中选择一种合适的步幅，以杜绝这种"跳跃感"的走路方式。

- **手臂摆动：** 在健步走过程中，手臂摆动的动力来自肩部，而非肘部，摆臂方向是前后而非上下。部分健步走者会出现肘部鞭打的情况，即摆臂方向为上下。可以在脖子上绕一个带子，长度到双手，双手各抓住带子的一端，促使肘部弯曲成90°，变为健步走摆臂姿势；在健步走的过程中，如果肘部出现鞭打现象，带子便会因双手带动而出现滑动现象，纠正摆臂动作，直至带子不再滑动即可。

（3）原则与规划

健步走是以健身为目的进行走路的一种运动方式，不同于普通的行走，健步走是一种经过设计并遵循一定原理的运动项目，健步走运动中的靶心率、步频、步幅、运动强度等都有一定的规定。

对于健步走的人来说，需要循序渐进，不可冒进，最主要的是持之以恒。一般情况下，对于刚开始进行健步走的人来讲，可将健步走运动分为三个阶段。

- **基础阶段：** 该阶段的持续时间在1～2周内，每周可进行3～5次健步走运动，速度比散步略快，步频保持在每分钟90～110步，步幅不可过大，运动时间维持在20～30分钟即可。[1]

- **中级阶段：** 该阶段的持续时间在3～6周内[1]，健步走者可逐渐提高步频和步幅，该阶段的重点是调整健步走姿势。

- **高级阶段：** 该阶段的持续时间是一个月左右，健步走的步频应达到每分钟120～140步[1]。

在健步走的过程中，可通过听音乐、随便改变路线等方法来增加健步走的乐趣。除此之外，为了充分利用健步走运动提高身体素质，建议遵循下列四项原则。

- **固定时间：** 在健步走过程中，应尽可能地固定运动时间，在某一时间段去

---

[1]　练艺影, 王正珍, 李雪梅, 等. 20～59岁年龄段普通成年人健步走推荐速度及步频的研究[J]. 北京体育大学学报, 2012, 35(7):4.

锻炼，让身体形成记忆。具体健步走的时间段因人而异，只要能每天在该时间段进行相应的锻炼即可。

- **固定距离**：健步走应固定相应的距离才有健身的作用。例如，一开始，可以先固定进行3公里的健步走，等适应了3公里这个距离之后，再将距离调整至5公里。健步走的距离切勿随意改变，应循序渐进。

- **固定频率**：进行健步走时，应根据身体素质固定相应的步频，每次的步频应是近似的，尽可能地保持一定的走路节奏，切勿忽高忽低地调整步频。

- **固定伙伴**：如果有条件，建议在健步走锻炼中找到一个合适的健身伙伴。当和伙伴一起健身走时，可以帮助我们保持运动的持续性，提升锻炼的积极性和效果。同时，伙伴之间可以交流、分享健身经验和方法，让运动变得更加有趣，也能降低发生意外的风险。

健步走看似简单，实则对健身非常有效，益处多多，让我们一起练习健步走吧，你也会像哲学家们一样有属于自己的"健康小路"。

13　"不懂得冷却思绪的人不应与人争辩"——尼采

心理学家认为，人们评价自己的标准大概分为两个：第一个标准是"自己是否拥有学习的能力"；另一个标准就是"朋友的数量是多还是少"。[1]在如今这个时代，我们必须注重学习，活到老，学到老。阿德勒说："人类所有的烦恼都来自人际关系。如果你不与人交际，即使你喜欢自己也没有任何意义。"[2]

举一个家庭里发生的例子。比如，晚饭后一家人都坐在沙发上看电视，只有你一个人在洗碗，你会是什么感受呢？当家人都很休闲，只有你自己在忙家务的时候，有的人会感到不满或者觉得自己很委屈，因为认为自己吃亏了，并且这种想法会体现在态度上。即使他强迫家人来帮忙做家务，家人可能也会不情愿。

但是，我们可以将想法改变一下：如果自己洗碗干家务，家人们就会有时间休

---

[1] 荣兰.培养健康心理的五要素[J].云南科技管理, 2015, 28(4):1.

[2] 阿德勒.阿德勒人格哲学[M].罗玉林,等,译.北京：九州出版社, 2004.

闲娱乐了。那样你就会觉得自己对家人来说是有用的，从而喜欢做家务。当你这样想的时候，你可能会一边哼着歌，一边愉快地做着家务。这样，家人反而会主动地过来帮你做家务。

人的自身价值是通过对他人的奉献得到体现的。有的人认为给予和奉献就是先人后己，其实不然，心理学家说，在给予或者为他人做奉献的时候，并不是要自我牺牲或要将自己的事情放在最后，而是有一种能为他人做事的喜悦感。那些认为为他人做事就是牺牲自己的人，恐怕从来都没有真正为别人做过什么[1]。

所以说，心理状态的变化，可以使整个人的情绪乃至生活发生变化，还会让你有更好的人际关系。那些不寻求别人认可的人，他们不会为自己的行为没有被关注而烦恼。对于他们来说，是否得到认可，是否被感谢，这些都不是问题。即使没有被认可、被感谢，他们也会认为自己的行为是有价值的。与那些期待得到回报和感谢的人不同，即使没有得到任何人的认可和关注，他们的内心也会感到喜悦。当你觉得即使没有得到他人关注也不要紧的时候，你就会找到一种归属感，你会喜欢上这样的自己[2]。

不要期待从别人那里听到感谢的话，也不要为了帮助他人而刻意去做一些事，应该去做那些自己想做并且能够帮助他人的事情[2]。

心理调节可以很好地控制情绪，当然，别忘了，运动也能很好地控制情绪。

从前面的内容中，我们了解到了力量训练的重要性。在本节中，我们会详细地介绍力量素质。

（1）什么是力量素质？

力量素质是人体神经-肌肉系统工作时克服或对抗阻力的能力[3]。

阻力来自哪里？

- 外部阻力：物体的重量等。
- 内部阻力：各肌肉间的对抗力，韧带、肌腱、筋膜等组织的阻力[4]。

---

[1] 岸见一郎.每天更新关系[J].特别健康,2019(7):2.

[2] 岸见一郎.我就是不想变成你喜欢的那种人[M].邓一多,译.长春:北方妇女儿童出版社,2016.

[3] 田麦久.运动训练学[M].北京:人民体育出版社,2000:196.

[4] 田麦久.运动训练学[M].北京:人民体育出版社,2000:196.

（2）我们为什么需要进行力量素质训练？

- 延缓衰老

研究资料表明，随着年龄的增加，成年人的肌力和肌肉含量也会逐渐下降，不经常进行体育锻炼的人在20～25岁会达到最大肌肉力量，此后每10年将会损失10%左右的肌肉重量和肌肉力量。到了60岁以后，肌肉力量的损失会更加迅速[1]。随着年龄的增长，我们的运动能力会大幅度下降，就连应付日常生活，例如搬行李等，都会变得困难重重。肌肉力量下降的另一个重要表现是行动变得迟缓，步行速度减慢，步距越来越小。力量训练可以减缓肌肉萎缩的速度。老年人往往因为肌肉力量的退化而失去基本的身体活动能力，甚至走动时都会因为失去平衡而摔倒，造成骨折。因此，老年人也应该做些轻负荷的重量训练。保持肌肉重量和肌肉力量的唯一办法是力量训练，常参加力量训练的人可以把最佳状态保持到60岁以上[1]。

- 改善身体姿态，使身材更有型

当照镜子的时候，如果你站直一些，肩膀向外展，然后收腹，你的姿态会好看。都市人运动量较少，长时间久坐处理文件或操作计算机。这样容易导致腰背、肩颈等肌肉紧张和疼痛。如果长时间不矫正错误的工作姿势，容易造成含胸驼背的不良姿势。抗阻力训练可以帮助加强背部肌肉的力量，伸展胸部和肩部，保持健康和平坦的腹部，使人在任何时候都易于保持良好状态。同时，抗阻力训练可以帮助你实现身体的左右平衡，让你获得结实而优美的体形，使人变得更健康、更自信。

- 避免肥胖

抗阻力训练在增加肌肉的同时，也会让身体消耗更多能量。当肌肉量增加时，基础代谢率也会增加。研究指出，身体如果增加3磅（约1.36千克）的肌肉，个人的代谢率会提高7%，一天的能量消耗也会多出15%[2]。这也解释了为什么肌肉健硕的人每天所需的能量比一般人要高，肌肉含量高的人即使在睡觉时消耗的热量也比肌肉含量低的人多。换言之，肌肉含量高的人因为要储存多余能量，从而降低了变肥胖的机会。

---

[1] 戴昕.论老年人力量训练的重要性及基本原则[J].首都体育学院学报, 2003, 15(3):2.

[2] 陈小平.力量训练的发展动向与趋势[J].体育科学，2004.

● 避免受伤

现代人的生活越来越趋向坐式生活方式，工作和学习都要求颈部和腰部肌肉进行长时间的工作。如果没有进行颈部、背部的肌肉训练，肌肉力量的不足和退化，会造成肌肉劳损和身体形态发生改变。越来越多的人正在受颈椎疾病和腰椎疾病的困扰。

● 预防疾病

越来越多的人受到都市疾病的困扰，多做力量训练可以有效预防一些都市疾病，包括糖尿病、胆固醇过高、骨质疏松症等。除了使肌肉强壮外，锻炼肌肉还可以促进新陈代谢、提高身体机能，帮助你获得健康的身体。

（3）力量素质的本质——肌肉训练

根据力量的性质，可将力量分为以下三种表现形式[1]。

● 最大力量：肌肉通过最大随意收缩克服阻力时所表现出来的最高力量。

● 力量耐力：肌肉长时间克服阻力的能力。

● 快速力量：肌肉快速发挥力量的能力。

肌肉的生理学、解剖学构成：肌原纤维组成了肌纤维，肌纤维组成了肌束，肌束组成了肌肉[2]。

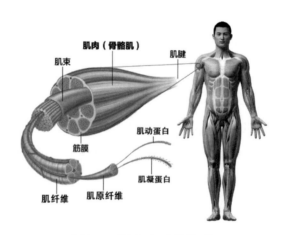

图4-1　肌肉生理学构成

---

[1]　韩春远, 王卫星. 对我国青少年网球运动员体能训练指导思想的研究[J]. 中国学校体育：高等教育, 2014(4):5.

[2]　杨锡让. 实用运动生理学.2版[M]. 北京:北京体育大学出版社, 1998.

力量素质通过肌肉的生长得到增长，肌肉由肌纤维组成，那么，所有肌纤维的类型都一样吗？我们来看看肌纤维的种类（见图4-2）。

- 快肌纤维（白肌纤维）：直径较粗，反应速度快。

- 慢肌纤维（红肌纤维）：直径较细，反应速度慢。

肌纤维有两种类型：

快肌纤维（白肌纤维）：直径较粗—反应速度快　慢肌纤维（红肌纤维）：直径较细—反应速度慢

快慢肌纤维数量比例因人而异，且受制于先天。

图4-2　肌纤维类型及其特点

肌肉的生理学特点[1]参见如下。

- 所有骨骼肌都由肌纤维组成。

- 所有肌肉中两种肌纤维的数量比例由遗传决定，且不会改变。

- 不存在单一种类肌纤维组成的肌肉。

- 两种肌纤维的比例不同导致形成三种肌肉类型：快肌型肌纤维、慢肌型肌纤维、中间型肌纤维。

- 系统的训练会带来肌肉形态上的变化，即快慢肌纤维横截面积的增加，横截面积的增加实际上是肌原纤维数量的增加。

（4）肌肉到底是如何通过训练发生变化的呢？

"肌肉超量恢复理论"让肌肉不断强壮（见图4-3）。

---

[1]　杨锡让. 实用运动生理学.2版[M]. 北京:北京体育大学出版社, 1998.

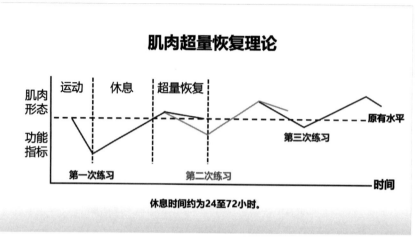

图4-3 肌肉超量恢复理论

肌肉如果长期缺乏使用，就会逐渐变弱；反之，常常锻炼肌肉就会使肌肉变得强壮有力。

这是为什么呢？如何通过训练增强肌肉呢？这些都可以通过肌肉超量恢复理论进行解释。

当在肌肉上施加负荷，对肌肉造成刺激时，组成肌肉的肌肉纤维就会出现微小损伤。受损的组织会在体内自然修复，不过，为了避免再次损伤，也为了对力量训练进行综合性适应，肌肉就会修复得比过去稍微粗壮，这种机制便称作"超量恢复"。[1]

当肌力练习开始之后，我们因为疲劳的产生，肌肉的功能和形态指标会逐渐下降；疲劳到一定程度，就练不动了，必须休息了，但是休息之后这种下降会继续一段时间（练习力量的人都有体会，不是停止运动后马上就能不觉得累）；在休息的过程中，肌肉的功能和形态指标会逐渐回升，逐渐接近原有水平；经过一段时间的休息之后，肌肉的功能和形态指标不但会回升到原有水平，还会继续上升，超过原有水平，形成一个小的波峰，这个反弹的波峰阶段，就是"超量恢复"；如果继续休息，超量恢复就慢慢消退，肌肉的各项指标就又回到原有水平。

因此，肌力训练后，肌肉受到损伤，只要适度休息，让身体修复，经由超量恢

---

[1] 杨锡让.实用运动生理学.2版[M].北京:北京体育大学出版社,1998.

复机制，肌肉会比之前变得更粗壮。

若想好好突显肌力训练的效果，最理想的方式就是利用超量恢复机制，抓住肌肉超量恢复的时间点，进行下一步的肌力训练。不断重复借由"肌力训练刺激肌肉→让肌肉休息促进超量恢复机制→肌肉变强壮"的循环，肌肉就慢慢成长。

只要了解这种机制，就等于掌握了增加肌肉的关键。即便每次训练后所获得的效果看似微乎其微，但是比起训练之前，肌肉确实变得强壮。

重点：训练的强度与频率，都要兼顾。

超量恢复机制的第一个关键就是肌力训练的"强度"。想要达到超量恢复现象，训练强度必须强到可以使肌肉纤维适度受伤的程度（超负荷），负荷过轻不只不会造成损伤，也无法引发超量恢复现象，更不用期待肌肉会变粗壮。

另一个关键则是肌力训练的"频率"。想要获得更有效率的肌力训练效果，引发超量恢复现象，就得适时进行下一次的肌力训练。时间隔得太短又进行一次训练可能会恢复不过来就又一次损伤！达不到适度损伤促进肌肉生长而造成肌肉真正受伤！若时间间隔过大，恐怕下一次肌力训练时，超量恢复的效果已经消失，而达不到应有效果。

合理间隔：小强度，1次/天；中强度，1次/2天；大强度，2次/周。

（5）开始力量训练

根据上述理论，我们将开始力量实战训练，做到有的放矢。

首先，确定训练方向。有的人想变得更强壮，增加肌肉围度；有人想塑形，尤其女性，想拥有更好的体形；有人仅仅想减脂，甩掉多余的脂肪。不同的训练方向有不同的训练方法，有了科学的训练指导，可以想变强壮就变强壮，想塑形就塑形，想减脂就减脂，是不是很神奇？科学就是如此神奇。

具体该如何训练呢？

不同训练方法刺激的目标肌纤维也不同。

- 快肌纤维——最大力量训练
- 慢肌纤维——肌肉耐力训练
- 均衡发展——快速力量训练

训练原则

- 最大力量：大重量，少次数，刺激白肌，增加肌肉围度。
- 肌肉耐力：小重量，多次数，刺激红肌，减脂最有效。
- 快速力量：中重量，适当次数，红白肌均得到锻炼，塑造肌肉形态。

训练方法[1]

- 负重抗阻练习。如运用杠铃、壶铃、哑铃等力量训练器械进行练习。利用力量训练器械，可以让身体采用各种不同的姿势（或坐或卧或立）进行练习。
- 对抗性练习。如双人顶、推、拉等，依靠对抗双方，以短暂的静力作用提高力量素质。对抗性练习不需要任何训练器械和设备，却可以引起练习者的兴趣。
- 克服弹性物体的练习。如使用拉力器、拉橡皮带等，依靠弹性物体变形产生的阻力来提高力量素质。
- 克服自身体重的练习。如引体向上、倒立推起、纵跳等。这类练习都是通过四肢的远端支撑完成，迫使机体局部承受体重，使局部部位的力量得到发展。

制订自己的力量训练计划——以深蹲训练（见图4-4）为例。

图4-4 深蹲示意图

如果你想训练最大力量（以增加肌肉围度为主）

- 负荷强度：一般控制在最大负荷的75%左右。
- 每周穿插最大负荷90%～95%的负荷强度。

[1] 张俊青.力量训练方法和负荷结构的研究[J].体育科学研究,2000,4(4):6.

● 高强度法：负荷强度在最大负荷的85%，每组1～3RM，共进行3～4组练习。休息时间为3分钟左右。

● 极限强度法：该训练方法的突出特点是，强度达到极限值，阶梯式增加重量。

● 极限次数法：在某个强度下达到极限练习次数的训练方法。

如果你想练肌肉耐力（以减脂为主）

● 负荷强度：一般控制在最大负荷的30%～40%左右。

● 完成次数：20～30次。

如果你想训练快速力量（以塑形为主）

● 负荷强度：一般控制在最大负荷的50%～70%左右。

● 完成次数：12～15次。

雅克·卢梭（Jacques Rousseau）说，"大多数人都是在运用力量已经太晚的时候，才埋怨缺乏力量"[1]。想想你的力量训练方向是什么？你该怎样训练力量？做好计划，现在就练起来吧！

---

[1] 卢梭.卢梭忏悔录[M].盛华东,译.北京：华文出版社,2003.

第五章 享受自由智慧的魅力

14 "一个人的聪明才智取决于他的幽默程度"——尼采

幽默带来的欢笑是最佳的止痛剂，幽默疗愈身心的效果已经被医学界所证实。

欢笑能改善血液循环、调节血压，欢笑的作用有些类似有氧运动，大笑5分钟约等同于做45分钟的低强度运动[1]。

欢笑能间接地按摩器官，放松肌肉，增强免疫力，舒缓压力、减轻疲劳，释放幸福的荷尔蒙，还能让人们换个角度看待问题，促进身心健康。

有一则幽默笑话：

在一次上外教课的时候，外教老师问学生："Do you have a girlfriend?（你有女朋友吗?）"

学生笑着回答："Yes，she is from another nation.（是的，她来自另一个国度。）"

外教一脸笑意地问："Cool! Which nation?（非常棒！她来自哪个国度?）"

学生答："Imagination.（梦想国度。）"

今天，我想和大家聊聊体能运动素质中的灵敏素质。体能是人体的基本活动能力，是身体能力在运动中的综合体现，体能也是打造个人魅力与保持健康的基础，在前面的章节中，我们讨论了力量素质训练。体能包括五大运动素质：力量、速度、耐力、柔韧和灵敏。灵敏素质是一种综合性的身体素质，任何一项运动都离不开灵敏性，就像人离不开幽默一样。到底什么是灵敏素质呢？

---

[1] 孙艺风. 幽默翻译的文化内涵[J]. 中国翻译, 2002, 23(1):2.

1. 认识灵敏素质

（1）定义：灵敏素质是指处在特定运动场景中的肢体感受刺激，并根据需要迅速改变方向或变换动作的能力[1]。灵敏是运动能力的综合体现（见图5-1）。

图5-1 灵敏是运动能力的综合体现

（2）核心特征

"变"——方向改变、动作改变。

"快"——判断决策、动作速度。

二者关系：变是根本，快是关键。

（3）评价标准

灵敏素质好坏的衡量标准主要有以下三种：反应时间/反应速度、准确度和协调性。三者关系：缺一不可，反应时间更为关键。

灵敏素质——某种程度上说，灵敏反应其实就是神经-肌肉反应。灵敏素质的本质是描述人体神经-肌肉的反应过程。

起始标志：人体接收信号（受到信号刺激）。

结束标志：肌肉动作完成。

---

[1] 杨海平，廖理连，张军. 实用体能训练指南[M]. 广州：广东高等教育出版社, 2013.

反应时间包含反应时（神经）、运动时（肌肉）。反应时是衡量灵敏素质的很好指标。（见图5-2）

反应时

是指从信号（刺激）发出到反应产生之间的时间间隔。

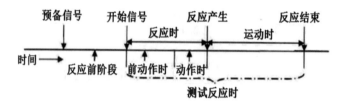

图5-2　不同阶段反应时图示

了解神经-肌肉反应过程的意义在于通过分析得出灵敏素质的影响因素、训练方向、训练方法。让我们来看看神经-肌肉反应过程是怎样的。[1]

T1：感受器——对信号（刺激）的敏感程度决定了传递信息的时间。

T2：传入神经——信息通过传入神经向中枢神经传递。

T3：中枢神经——将信息与记忆对比，产生决策。运动经验和兴奋度会影响决策时间。

T4：传出神经——信息通过传出神经向效应器传递决策。

T5：效应器——肌肉神经对决策的适应性、敏感度影响了它向肌肉传达决策的时间。

T6：肌肉调集能量——无氧能力，即ATP-CP（非乳酸能）供能能力，会影响肌肉运动能量达到起始阈值的时间。

T7：肌肉收缩——肌肉力量一定时，收缩速度与肌肉所克服的阻力呈负相关，肌肉力量越大，收缩速度越快。

再来看看影响灵敏素质的因素——灵敏素质训练的方向，主要包括以下5点。

---

[1]　Ian Jeffreys. Motor Learning-Applications for Agility, Part 1[J]. Strength and Conditioning Journal, 2006, 28(5):72 -76.

（1）感知觉的敏感性。

（2）信息加工速度。

（3）肌肉适应性。

（4）无氧代谢能力。

（5）力量素质。

有人可能会有疑问，灵敏素质的高低主要应该来自遗传吧？

灵敏素质的确受遗传因素的影响，但请记住：遗传因素只能决定你的起始水平，不能决定你的最终水平。研究表明：与灵敏素质密切相关的反应速度，遗传度为75%；判断的果断性，遗传度为96%；红白肌纤维比例的遗传度为85%[1]；虽然灵敏素质具有高遗传性，但灵敏素质也具有强可塑性。通过训练，我们可以很大程度地改善和提高自身的灵敏素质。

来自训练的影响——相关研究表明，运动训练对提高人体神经肌肉系统的兴奋与抑制的转换能力和建立巩固的运动条件反射系统有十分显著的效果，并指出通过训练反应速度可以将反应速度缩短11%～25%[2]。

相信大家已经发现，有些环节是无法或者很难通过训练进行提高的，即使是可以通过训练进行提高的环节，不同的人之间也存在很大的差异，那么这些差异的决定因素是什么呢？

【结论】遗传只能决定你的起始水平，不能决定你的最终水平（见图5-3）。训练的效果不能无限地提高，因此人与人的最终水平之间存在差异。我们可以做到的是通过自身努力，坚持训练，不断提高自己，获得更好的能力和健康水平。

---

[1]　赵西堂, 葛春林, 孙平. 试论运动灵敏性的概念及其分类[J]. 武汉体育学院学报, 2012(8): 92.

[2]　Ken Mannie.　C.O.D Center on Agility [J]. Powerline, 2002(9): 6-9.

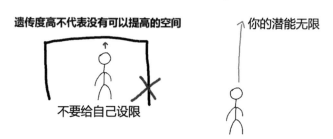

图5-3　不要给自己设限

2. 灵敏素质训练方法

（1）基础素质训练：力量、速度、耐力、柔韧。

（2）综合性训练——反应能力＋变向能力＋动作能力（准确性、协调性）。

● 变向跑（见图5-4）：各种不同的折返加速跑（加减速、变向、协调），根据需要采用不同的跑步形式，再结合自己喜欢的专项运动，比如足球、篮球等。

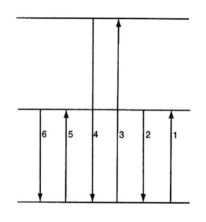 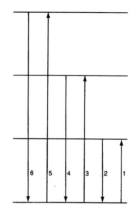

图5-4　变向跑图示

【动作要领】折返加速跑的技术要领（以右脚触线或右手碰标志物为例）：快跑至终点时，一般为终点前两至三米，略微降低跑速，降低重心，跑至终点，侧身面对终点线或标志物，左下肢成屈蹲，右下肢延伸至终点线处（或稍前处）制动并准备蹬地起跑，上体下压，用脚触线（或用手碰倒标志物）后，上体转向前进方向，右脚迅速蹬地起跑，继续向前快速跑。

● 标志物跑：根据需要，标志物跑的形式、方向可采用前进、侧行、后退和旋转等不同变化形式。（见图5-5）

【动作要领】脚步灵活快速，轻巧敏捷。

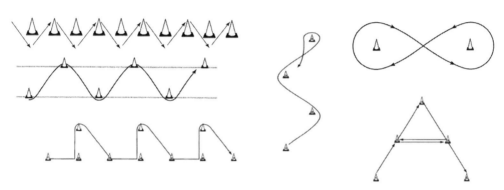

图5-5　标志物跑图示

● 多边形跳跃：根据训练目的需要，可以进行单腿、双腿不同方向或形式的各种变化，再结合自己的专项运动。（见图5-6）

【动作要领】协调反应，有节奏完成。

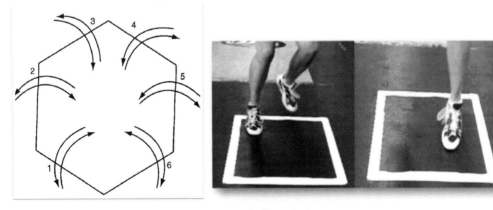

图5-6　多边形跳跃图示

● 绳梯练习：根据训练目的的需要，可以进行纵向横向的各种形式的变化，再结合自身专项运动。（见图5-7）

【动作要领】协调反应，有节奏地完成练习。

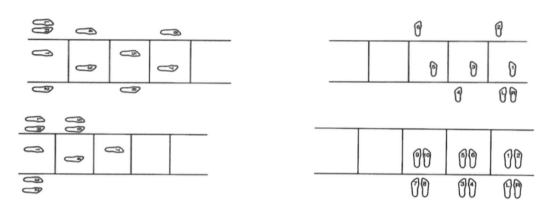

图5-7　绳梯练习图示

● 小栏架练习：根据训练目的的需要，可以进行单腿、双腿不同方向或形式的各种跑动和跳跃练习。（见图5-8）

【动作要领】触地时间短，落地就起。

图5-8　小栏架练习

提示：可将以上5种练习组合起来进行训练。

同时，我们还可以加入各种信号刺激，进行以下更为复杂的灵敏素质训练。

● 复杂任务决策训练。

● 多种信号（刺激）——视觉、听觉、触觉。

- 多种反应决策——简单反应、选择反应、辨别反应。

解释不同的反应决策[1]如下。

- 简单反应：只包含单一刺激并对刺激进行单一反应的反应方式，例如田径运动中的起跑。

- 选择反应：包含两个或两个以上的刺激并对每个刺激都有相应的反应方式，比如在排球比赛中，接发球方运动员需要根据进攻方的发球情况选择相应的动作方式——接球动作，或者迅速移动并准备传球组织进攻。

- 辨别反应：包含两个或两个以上的刺激，但只对某一种刺激进行反应的反应方式，比如在排球比赛中，教练员要求中间拦网队员只对对方进攻的第二点进行拦网的反应方式。

【举例】以标志物跑为例，参见如下。

- 简单方向变化属于简单反应，可适当加入复杂的旋转。

- 加入选择反应决策，不同方向的选择设计。

- 加入辨别反应决策，看见不同信号做出不同的反应，进行不同决策的反应辨别。

【注意】速度、准确度都是衡量指标。

（3）制订训练计划

- 由基础素质训练向综合训练过渡

- 由简单反应训练向复杂反应训练过渡

- 根据自身特点以及运动项目特点，有选择地发展灵敏度的三个子能力——反应能力+变向能力+动作能力

既然灵敏素质和幽默都是生活中必不可少的要素，那让我们现在就行动起来吧！选好方向，制订计划，立即执行计划，让生活既幽默又灵动。

---

[1]　谢敏豪,等.运动员基础训练的人体科学原理[M].北京:北京体育大学出版社,2005: 42-43.

15 "创新并非是指能够抢先看到最新的事物，而是能够在旧有的、熟悉的事物中发现新的价值"——尼采

《斯坦福大学最受欢迎的创意课》(*Insight Out:Get Ideas Out of Your Head and Into The World*) 作者蒂娜·齐莉格（Tina Seelig）教授提到，许多人不相信创意思维可以通过学习获得。蒂娜认为，通过一套合理的训练方法，配合一定的环境因素，想象力和创新思维是可以获得提高的。现在的确存在这样的训练方法，只要合理利用这些条件，创新能力必然增强。创新能力、创意思维和想象力并非天生，是可以通过后天学习、提高和改变的。换个角度看问题，你可以点燃一场创新革命。

蒂娜提出了创意引擎的概念，并指出了创意引擎的六要素：知识、想象力、态度、资源、环境和文化。其中包含知识、想象力和态度三个内层因素，而资源、环境和文化是外层因素。知识储备是想象力得到发挥的基础；想象力是将已有知识转化为新想法的催化剂；态度是点燃创意引擎的火种；资源指你所处的团体内一切可利用的东西；环境指你的生活环境，比如家庭、学校或办公室；文化是你所处的团体中体现出来的集体信仰、观念和行为。创意引擎的内外因素是紧密联系的：对某事的态度可能会引发你的好奇心，从而促使你主动了解相关的知识；有了丰富的知识储备，你就可以自由地发挥想象，产生意想不到的创意；根据内心的想象，利用身边一切可利用的资源，建造适合创新的办公室等外部环境；外部环境可以反作用于人的内在态度，共同对周围的文化产生影响。

创新性学习有两个显著的特征[1]：（1）学习结果具有原创性；（2）学习结果具有适用性。

创新性学习教学策略[1]：（1）创造创新性学习条件；（2）示范创新策略；（3）鼓励创新活动。

当然，你的创意引擎需要你亲自点燃，潜在的创新能力还需要你亲自释放出来。创造性思维是取之不尽、用之不竭的宝藏，只有不畏困难、善于抓住机会的人，才能把它挖掘出来。一旦启动了创意引擎，你就拥有了克服任何困难的能力，就能全

---

[1] 齐莉格.斯坦福大学最受欢迎的创意课[M].秦许可,译.长春：吉林出版集团有限责任公司,2013.

面地认识问题、分析问题，最终找到合适的解决方案。

我们每个人都可以发挥自己的创造性思维，为自己、为社会创造一个美好的未来，一起点燃我们的创意引擎吧。

如今，减肥、减脂是健身中的热门话题，之前我们已经讲过不少关于减肥和减脂的锻炼方法，在减脂运动中，我们该如何控制运动强度呢？有什么简单易行而又科学的运动强度监控方法吗？开始点燃我们的创意引擎吧……

首先，我们要明白，减脂应根据每个人的不同情况进行目标分级，我们应该将心中的理想目标分为不同阶段、不同等级，每实现一个目标都是一个新的开始、一个完整的循环，确定容易执行的明确目标，坚持不懈。我们的目标并不只是减脂！

我们的目标应该是养成锻炼习惯，建立一种健康、积极的人生态度！

简单回顾一下：什么是减脂？减脂的实质是什么？（消除体内多余的脂肪；激活脂肪氧化供能系统。）

1. 减脂与运动强度

两步减脂：激活脂肪氧化供能系统，在确保一定运动强度水平下，利用相对较长时间的有氧运动……；利用高强度运动快速消耗体内糖原。

【结论】

① 激活脂肪供能系统需要控制运动的强度。

② 维持脂肪供能也需要控制运动强度。

③ 减脂与运动强度高度相关。

2. 运动强度与心率

（1）如何衡量运动强度？通过心率。

心率是什么？心率是心脏在单位时间内跳动的次数[1]。

随着运动强度的增加，机体需要更多的营养与氧气，心跳频率便会逐渐增快。心率低，运动强度低，糖酵解供能慢，但脂肪供能持续时间长；心率高，运动强度高，糖酵解供能快，脂肪供能加速，但脂肪持续燃烧不足。

---

[1] 王瑞元. 运动生理学[M]. 北京:人民体育出版社, 2002.

（2）减脂的运动强度与心率的对应关系

我们总在想"多大的运动强度最合适减脂？""我的目标心率应该是多少？""目标心率怎么计算？"目标心率并非最大心率×期望强度。正确的算法应该是：

目标心率=（最大心率-静息心率）×期望运动强度%+静息心率

静息心率：又称为安静心率，是指在清醒、不活动的安静状态下，心脏每分钟跳动的次数[1]。

最大心率：又称极限心率（HRmax），是心率增加的极限[63]。指的是进行运动负荷时，随着运动量的增加，耗氧量和心率也会增加，在最大负荷强度时，耗氧量和心率不能继续提高时心率达到的最高水平。

最大心率 = 220－年龄；

或者　最大心率（Gelish公式）= 207－0.7 × 年龄 [2]

（无论采用哪个公式进行推算，心率一般会 ± 10 ~ 15次/分）

假设有一位18岁的女生，她的最大心率的估算方式如下：

最大心率 = 220－18 = 202；或者最大心率（Gelish公式）= 207－0.7 × 18 = 194

我们还可以计算出，该女生的期望强度50% ~ 100%所对应的目标心率。根据相关研究，个体50% ~ 60%的期望强度属于个人的温和区，60% ~ 70%的期望强度属于减脂区，70% ~ 80%的期望强度属于有氧区，80% ~ 90%的期望强度属于无氧区，90% ~ 100%的期望强度属于最大心率区。

我们还以这个18岁的女生为例。通过计算可以得出，她的最大心率是202或194。以194作为最大心率来计算，假设她的静息心率为70，我们可以分别计算出期望强度50% ~ 100%所对应的心率。图5-9展示了18岁女生的健身温和区、减脂区、有氧区、无氧区和最高心率区这5个不同区域。传统的减脂方法是有氧运动减脂，最大运动强度的60% ~ 70%为最佳减脂强度。这种强度可以让机体匀速进行磷酸原系统供能，随后是糖原供能，再过渡到大量脂肪供能，且持续较长时间，以确保脂肪供能比例。运

---

[1]　王瑞元.运动生理学[M].北京:人民体育出版社,2002.

[2]　李蕾,戚一峰,郭黎等.运动减肥中运动强度确定依据的实验研究[J].上海体育学院学报,2006,30(4):5.

动强度60%～70%属于氧气供应充足，长时间较低强度的有氧耐力运动。在前面，我们介绍了一种风靡欧美的高效减脂方法——HIIT（高强度间歇性训练）。HIIT训练可以通过主动调控心率，进行运动强度的监控。先进行较高强度的训练，让心率达到无氧区。由于强度高，时间持续不长，我们可以通过休息，让身体休息回到温和区，之后再让心率达到无氧区，如此反复几组，通过主动调控心率的方法达到监控运动强度的目标，让脂肪高效率燃烧。

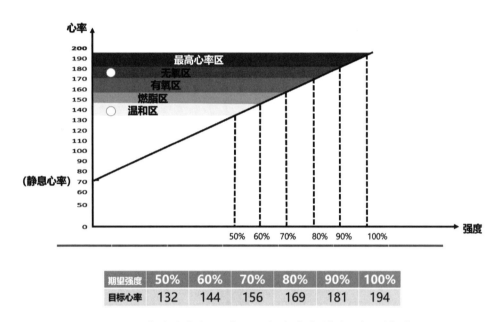

期望强度	50%	60%	70%	80%	90%	100%
目标心率	132	144	156	169	181	194

图5-9　18岁女生期望强度、目标心率与健身5个区域对照

那么应该如何测量自己的心率（指心脏在单位时间内跳动的次数）呢？让我们来看看心率测量的简易方法。

3. 运动中的心率测量方法

（1）桡动脉测心率：测量桡动脉的心率，桡动脉位于腕关节内部，靠近拇指的根部。

图5-10 桡动脉测心率

（2）颈动脉测心率：按图 5-11 所示测量颈动脉心率，颈动脉位于颈部，颌骨下面，气管旁边。

图5-11 颈动脉测心率

如果不想自测心率，还可以用什么办法来监控运动强度呢？

下面介绍一种用主观感受代替客观测量的方法：RPE（Rating of Perceived Exertion）心率监控方法——主观用力程度分级表（伯格运动感觉量表，见图5-12）[1]。

---

[1] 张立. 一种简易监测运动强度和评定运动能力的方法：RPE等级值[J]. 武汉体育学院学报，1995(1):5.

RPE	主观运动感觉	对应参考心率
6	安静，不费力	静息心率
7	极其放松	70
8		
9	很轻松	90
10	轻松	
11		110
12	有点吃力	
13		130
14		
15	吃力	150
16	非常吃力	
17		170
18		
19	极其吃力	195
20	精疲力竭	最大心率

图5-12　RPE主观用力程度分级表

RPE主观用力程度分级表（即伯格运动感觉量表），由瑞典生理心理学家加纳·博格（Gunnar Borg）在20世纪70年代创立，让人们通过主观的自我感受来评估运动强度[1]。

如何使用RPE指导训练呢？

将运动分为20个等级，一般来说第6级代表安静心率，约60次/分钟，20级代表运动中最高心率，约200次/分钟[1]。由于它适用于较广的人群范围，并在运动强度控制和指导方面有较高的信效度，所以RPE得到了美国运动医学会（ACSM）完全认可并向世界范围推广。

【结论】减脂训练的RPE等级应处于12～18之间。

---

[1]　于洪军，王晓昕. Session-RPE训练负荷量化方法的发展及对运动训练的启示[J]. 体育科学，2021, 41(6):16.

【分享】

HIIT：RPE等级控制在14～18。

有氧耐力训练：RPE等级控制在15左右。

【练习】分组进行HIIT训练，自我监控心率变化，并体会自己RPE等级的变化，练习自我评定，熟悉自身机体状态。

通过心率监测和RPE等级控制，可对减脂进行自我监控。要想有更好的减脂效果，需要把握好运动强度。点燃创意引擎，根据之前的理论和知识，你可以尝试研究还有哪些方法能监控我们的运动强度。

最后分享一首泰戈尔的诗：

花为什么谢了呢／我热烈的爱把它紧压在我的心上／因此花谢了

琴弦为什么断了呢／我强弹了一个它不能胜任的音节／因此琴弦断了

泰戈尔的诗告诉我们，凡事要适度。减脂应量力而行，科学监控心率，安全有效健身。我们要调控好自己的运动、学习、生活节奏和强度，让生活的琴弦奏出最动听的声音，让生命之花绽放出最娇艳的色彩！

第六章 沉浸爱与幸福的海洋

16 "实际上，我们热爱生命并非我们习惯生命，而是习惯爱"——尼采

爱是最重要也是最核心的人生课题，虽然我们时常意识不到这一点。

在生命的最终，我们会发现，因为付出而得到的爱才是真正的爱。

从爱自己开始，为自己健康所做的一切努力都是真爱。

兰迪·波许（Randy Pausch）教授身患胰腺癌后，在其《最后的演讲》中说道："物质的东西永远无法取代爱、温柔、亲切或是同胞手足之情。金钱无法替代温柔，权力也无法替代温柔。我坐在这里，离死不远，但我可以坦白地告诉你，当你最需要温柔的时候，不论你有多少的金钱和权力，都无法替代温柔。"[1]

体能训练中的运动素质的柔韧素质训练是温柔而又有力量的。今天，让我们来谈谈柔韧素质训练。柔韧训练有何意义呢？

柔韧训练的意义：

- 降低潜在的运动损伤风险（如肌肉疼痛和肌肉损伤）；
- 增大动作幅度、改进动作技术、提高运动水平；
- 促进关节周围的血液循环、稳定关节；
- 活跃关节周围肌肉，提高肌肉的质量。

---

[1] 刘丰. 教育浅思录[J]. 教育文摘, 2016(11):2.

到底什么是柔韧素质呢？让我们一起来看看柔韧素质的定义。

1. 什么是柔韧素质？

（1）定义：柔韧素质是指人体各个关节的活动幅度以及肌肉、肌腱和韧带等软组织的伸展能力。[1]

（2）核心词关节、肌肉与肌腱。

- 关节：关节面（覆盖软骨）、关节腔、关节囊（内表面有滑膜，外表面长有韧带）。

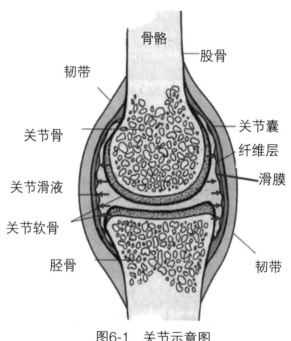

图6-1 关节示意图

- 肌肉与肌腱：每一块骨骼肌都包含肌腹和肌腱两部分，肌腹由肌纤维组成，色红质软，有收缩能力，肌腱由致密结缔组织组成，色白较硬；肌腱是肌肉末端的结缔组织纤维索，肌肉借助肌腱附着于骨骼或其他结构上[1]。

---

[1] 王瑞元.运动生理学[M].北京:人民体育出版社,2002.

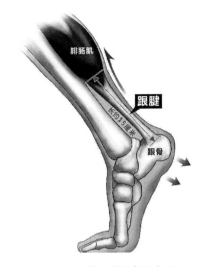

图6-2　肌肉肌腱示意图

2. 影响柔韧素质的因素

（1）骨关节的结构差异

- 不同关节的关节腔大小不一样；

- 不同人的相同关节的关节腔存在差异；

- 结构差异决定了最大运动幅度，这是由先天决定的。

（2）与关节相关的肌肉和肌腱的伸展性

- 肌肉与肌腱的作用是确保关节运动的稳定性；

- 肌肉与肌腱的运动范围限定了关节的运动范围。

（3）关节周围组织的大小

- 肌肉、肌腱、脂肪的体积会影响关节的活动范围。

（4）年龄与性别

- 年龄：柔韧性会随着年龄的增长而下降。

10岁以前就应进行适当的柔韧练习；10～13岁应充分发展柔韧练习。

13～15岁注意身体发育的匀称性，多做全身性的伸展练习，巩固已获得的柔韧性。

16～20岁可以加大柔韧练习的负荷和难度，在已获得的柔韧性基础上，进一步获得专项运动所需要的柔韧素质。

● 性别：通常女性柔韧性要强于男性。

（5）温度

● 体内温度（肌肉温度）：当肌肉温度升高时，新陈代谢加强，供血增多，肌肉的黏滞性减少，从而提高肌肉的弹性和伸展性，柔韧性得以提高。

● 环境温度：当外界环境温度较低时，必须做好充分的准备活动，提高肌肉温度，增加柔韧性；当外界环境温度较高时，身体会排出一定量的汗液来降低温度，从而避免肌肉过早出现疲劳，降低关节的柔韧性[1]。

（6）神经系统

● 神经系统的灵活性高，肌肉的兴奋性就会高，肌肉、肌腱、韧带的弹性和伸展性就会更好，支配肌肉收缩与放松的能力也会变强，使参与工作的诸多肌肉协调活动，从而提高柔韧性。

● 心理因素：心理紧张度可通过中枢神经系统影响到人体各部位的工作状况，心理紧张度过强、时间过长会使神经系统由兴奋转为抑制，严重影响各部位的协调能力，从而影响柔韧性[2]。

（7）活动水平

不经常活动的人柔韧性弱，是因为其久坐不动导致膝、髋关节等长时间处于特定位置，使相应肌群变短变僵硬，导致肌肉韧带的正常伸展性丧失，造成关节活动范围减小。

【讨论】 在一天的时间中，什么时候人的柔韧性最好？

研究表明：人体运动幅度最大的时间是在上午10点到11点以及下午4点到5点之间，同时，运动幅度最小的时间发生在早晨[3]。

---

[1] Church JB, Wiggins MS, Moode FM, et al. Effect of Warm-up and Flexibility Treatments on Vertical Jump Performance[J]. Strength Cond Res, 2001,15(3):332-336.

[2] 余利斌.浅析体温及中枢神经兴奋性对柔韧素质的影响[J].郧阳师范高等专科学校学报,2001(6):79-80.

[3] 王慧丽.采用静力拉伸法提高学生柔韧素质的实验研究[J]武汉体育学报, 2003 (7):63.

3．柔韧素质训练理论

（1）柔韧素质的分类

- 按训练目的

一般柔韧性——为适应一般技能发展所需的柔韧素质。

专项柔韧性——由于运动项目的特殊需要，对某些关节的幅度、方向等设立了一定的标准。

- 按外部运动状态

动力性柔韧性——肌肉、肌腱、韧带根据动力性技术动作的需要，拉伸到解剖学允许的最大限度能力，然后利用强有力的弹性回缩力来完成所要完成的动作。

静力性柔韧性——肌肉、肌腱、韧带根据静力性技术动作的需要，拉伸到动作所需要的位置角度，并控制其停留一定时间所表现出的能力。

- 按用力主体

主动柔韧性——训练者主动运动中表现出来的柔韧素质水平。

被动柔韧性——在一定外力协助下完成或在外力作用下表现出来的柔韧水平。

- 按训练部位

上肢柔韧性、下肢柔韧性、腰部柔韧性、肩部柔韧性。

（2）柔韧素质训练的原理

在经过科学、系统的牵拉训练后，运动动作的幅度会发生变化，且这种变化可以通过训练进行保持。

- 关节组织：关节活动范围与关节腔大小（关节面差）有关。可以通过训练增加关节面差，调节关节液分泌量；让关节主动适应运动动作幅度。

- 肌肉组织：关节的动力学特性也需要依靠肌肉组织，肌肉组织的伸展性是关键。

可以通过训练控制肌肉维度，避免影响关节活动幅度；增加主动肌与对抗肌的伸展度，提升关节活动幅度。

- 神经系统：神经系统兴奋与抑制过程的转换的灵活性与运动活动中肌肉的基本张力和协调度有关，训练的反复刺激过程可以有效提升神经系统的这种灵活性。

（3）柔韧素质训练的方法

1）主动或被动的静力拉伸方法

主动发力（见图6-3）或依靠外力（见图6-4）缓慢地将肌肉、肌腱、韧带拉伸至感到酸、胀、痛的位置并略有超过该位置，然后停留一定时间的练习方法。[1]

【要领】 由于拉伸缓慢，不会引起牵张反射。一般要求在感到酸、胀、痛的位置停留6～8秒，重复6～8次。

图6-3　主动静力拉伸

图6-4　被动静力拉伸

---

[1]　王卫星.高水平运动员体能训练的新方法[M].北京：北京体育大学出版社.2013.

2）主动或被动的动力拉伸方法

主动发力（见图6-5）或依靠外力（见图6-6）有节奏地、快速地、幅度逐渐加大地多次重复一个动作的拉伸方法。最为常见的主动动力拉伸是踢腿、压肩等。

【动作要领】 使用该方法时用力不宜过猛，幅度一定要由小到大，先做几次小幅度的预备拉伸，然后加大幅度，以避免拉伤。每个练习重复5～10次（重复次数可根据专项技术的需要而增加）。

图6-5 主动的动力拉伸方法

图6-6 被动的动力拉伸方法

各关节的柔韧性训练动作如下。

（一）手指手腕柔韧性练习

1. 握拳，然后伸展，反复练习。

2. 手指垫高的俯卧撑。

（二）肩关节柔韧性练习

1. 压肩

（1）手扶一定高度的物体，身体前屈压肩。

（2）双人体前屈，伸直手臂，双臂压在对方肩部。

2. 拉肩

（1）双人背向，两手在头上位置拉住，同时作弓箭步状往前拉。

（2）练习者站立，两手头上握住，帮助者一手拉住练习者头上手，一手顶住练习者的背部帮助其拉伸。

3. 吊肩

（1）单杠的各种握法（正、反、反正、翻等握法）的悬垂摆动。

（2）单杠负重静力悬垂。

4. 转肩：用木棍、绳子或橡皮筋辅助进行直臂向前、向后的转肩（握距逐渐缩小）。

（三）腰腹部柔韧性练习

（1）弓箭步转腰压腿。

（2）体前屈，手握脚踝，尽量使头、胸、腹与腿相贴。

（四）胸部柔韧性练习

（1）俯卧背屈伸：练习者腿部不动，积极抬上体、挺胸。

（2）虎伸腰：练习者跪立，手臂前放于地下，胸向下压。要求主动伸臂，挺胸下压。

（五）下肢柔韧性练习

（1）前后劈腿：可以单独前后振压，也可以将腿部垫高，让同伴帮助下压。

（2）左右劈腿：练习者仰卧在垫子上，屈腿或直腿都可以，由同伴扶住腿部不断下压。

（六）踝关节和足背部柔韧性练习

1．练习者手扶腰部高的肋木，用前脚掌站在最下边的肋木杠上，利用体重上下压动，然后在踝关节弯曲角度最大时，停留片刻以拉伸肌肉和韧带。

2．做脚掌着地的各种跳绳练习。

3）PNF（Proprioceptive Neuromuscular Facilitation）牵拉法：本体感觉神经肌肉促进法

PNF牵拉法是较为前沿的柔韧素质训练方法。美国拉伸教父鲍勃·安德森（Bob Anderson）在他的著作《拉伸活动》中提出："PNF牵拉法比静力拉伸法的效率高出10%～15%"。[1]

PNF拉伸法的关键：练习者主动对抗外界施加的阻力，调动神经系统兴奋性，使中枢神经系统更好地调节和控制肌肉活动。

PNF牵拉法拉伸遵循什么样的原理呢？

● 原理：通过刺激人体的本体感受器，激活感受器的敏感性，并利用肌肉神经单元的交互抑制特点，改变肌肉的拉伸幅度[72]。

PNF牵扯拉伸法的生理学基础是神经肌肉反射性的自动抑制和交互抑制（见图6-7）。

图6-7 PNF拉伸法的生理学基础

PNF的特点：能够从神经层面激起肌肉收缩控制。

下面简单介绍一下本体感受器[2]。

● 肌梭：位于肌肉内部，对肌肉伸展的速率与长度变化非常敏感，会向中枢神经发送冲动信号。

[1] 徐建武,陈克梦,马馨.PNF拉伸对机体局部大负荷运动后快速恢复的效果[J].中国运动医学杂志,2015,34(10):6.

[2] 常颖,王晓东.PNF法拉伸和静力拉伸练习对改善跨栏运动员的髋关节柔韧性作用的比较[J].北京体育大学学报,2005,28(11):3.

● 腱梭：位于肌肉与肌腱的连接处，对肌肉的牵拉、收缩都很敏感。

● 自动抑制和交互抑制：当支配主动肌的运动神经元因感受到传入冲动而兴奋时，支配其主动肌和拮抗肌的神经元会受到这种冲动的抑制。

PNF牵拉具体该怎样做呢？

【动作要领】

（1）在同伴的辅助下，进行被动拉伸，将目标肌肉至酸痛，并保持6～10秒。

（2）被拉伸者的肌肉进行等长收缩，对抗阻力6秒，然后放松。

（3）将目标肌肉拉伸至新的活动范围。

（4）重复以上过程2～3次。

PNF训练的时间和频率：

（1）通过比较6周 PNF 拉伸练习时 6 秒和 10 秒等长抗阻收缩对髋关节柔韧的效果，发现一定拉伸范围内等长收缩时间越久，效果越明显[1]。

（2）研究表明，每周练习频率对效果有显著影响。每周 3～5 次的训练可以有更明显的效果。[2]

图6-8　腘绳肌PNF柔韧训练

---

[1]　Rowland,Margins,Lee.Chronic Flexibility Gains:Effect of Isometric Contraction Duration During Proprioceptive Neuromuscular Facilitation Stretching Techniques[J]. Res Q Exerc Sport, 2003,74(1):47.

[2]　Behm DG, Bambury A, Cahill F, et al. Effect of Acute Static Stretching on Force, Balance, Reaction Time, and Movement Time[J]. Med Sci Sports Exerc, 2004, 36 (8): 1397-1402.

柔韧素质训练的训练量建议：

- 天天练，每次10～15分钟；
- PNF牵扯法拉伸、被动拉伸，每块肌肉拉伸2～3次；
- 动力性每个练习重复10～20次；
- 静力性每个练习持续15～30秒。

瑜伽大师艾扬格说：身体的柔软与强韧是生命美的张力。愿我们在生活中也能展现自己的张力，张弛有度，自信，优雅，温柔且坚强，找到属于自己的生命之美[1]！

17　"开始一天最好的方法就是在起床时怀着一个至少能在日落前让你一直感到幸福的想法"——尼采

每一天都是崭新的一天，我们期待每一天都能幸福地醒来，开启美好的一天，我们的一生由每一天的点点滴滴组成，过好每一天就能过好这一生。清晨，当我们带着美好的期待醒来，不妨先运动一下，然后再投入到一天的学习工作和生活中。运动要从准备活动开始，今天我们来聊聊准备活动。什么是准备活动？为什么要做准备活动？做准备活动的意义何在？

1. 什么是准备活动？

（1）定义：准备活动又称热身，是指在比赛、训练或体育课的基本部分开始前，有目的地进行身体练习[2]，为即将来临的剧烈运动或比赛做好准备。

（2）准备活动的意义

克服身体各个机能活动的生理惰性，包括心血管系统、呼吸系统、内脏器官的适应性调节，以及神经 - 肌肉系统和中枢神经对敏感性、协调性的适应。

预防运动损伤、缩短进入工作状态的时间。准备活动是连接安静状态和运动状态的桥梁。

---

[1]　范藻. 回归与超越:身体美学之于生命美学的意义[J]. 徐州工程学院学报：社会科学版, 2018, 33(6):7.

[2]　王卫星. 高水平运动员体能训练的新方法[M]. 北京：北京体育大学出版社. 2013.

准备活动是运动前必不可少的环节。

2．准备活动的理论

（1）原理

机体的运动水平受中枢神经系统、肌肉系统、内脏系统、心理活动的综合影响。调整各系统的活跃程度和系统间的协调程度需要一定的时间。在正式运动前将机体状态调整至最佳，才能在运动中获得最高运动水平。

（2）目的

提高中枢神经系统的兴奋性，加快大脑反应速度，提高参加活动的运动中枢间的敏感度和协调性。提高心血管系统和呼吸系统的机能水平，增加肺通气量及心输出量，扩张心肌和骨骼肌的毛细血管网，使工作肌在剧烈运动时能获得更多的氧气。

提高机体的代谢水平，升高体温，一方面降低肌肉黏滞性，加快肌肉收缩和舒张速度，增加肌肉力量；另一方面提高肌肉的伸展性、柔韧性和弹性，预防运动损伤。提高心理活动的活跃水平，例如，注意水平、记忆水平和思维水平。

【分享】你知道运动生理学中的"极点"现象吗？

人体从相对安静状态到剧烈运动时，四肢肌肉能迅速适应，进入工作状态，而内脏器官，如呼吸、循环系统等，无法很快发挥其最高的机能水平，造成体内缺氧，大量的乳酸和二氧化碳积聚，导致植物神经中枢和躯体性神经中枢之间的协调遭到暂时破坏，出现两腿发软、全身乏力、呼吸困难等现象（特别是长跑运动后）。

这是一种正常的生理现象。对于经常参加锻炼或准备活动充分的人，"极点"出现的时间较晚，持续时间短，身体反应也较轻。

出现"极点"现象时，应该保持冷静并有意识地进行深呼气。这样，"第二次呼吸"就会很快到来，你又可以轻松地运动下去了。

【讨论】如何进行准备活动？请分组讨论，设计一套准备活动，并阐述设计原则。

传统热身如图6-9所示，存在一定的风险。

图6-9　传统热身的不足

3. 准备活动的方法和步骤

到底该怎么做准备活动呢？从以上的分析中我们了解到，准备活动应从心肺、肌肉和神经三方面综合进行，如图6-10所示。

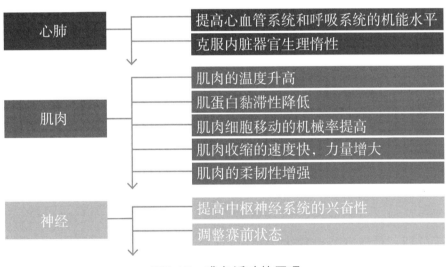

图6-10　准备活动的原理

准备活动包括调动心肺功能、激活肌肉能力以及提高神经兴奋性，如图6-11所示。

（1）调动心肺功能：可进行慢跑（热身跑）、健身操（全身性热身），以及速度热身（高抬腿跑等）活动。

（2）激活肌肉能力——动态牵拉：可进行主动性、被动性动态牵拉（踢腿、跨步跳、后蹬跑等）等活动。

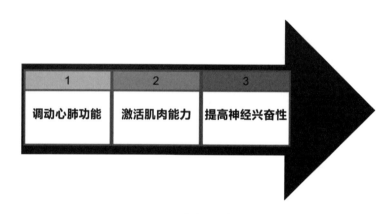

图6-11　准备活动三步走

肌肉能力激活：动态牵拉又称动力性牵拉，可以通过肢体的运动增加关节活动幅度，是有运动针对性的功能性拉伸[1]。动态拉伸不仅可以降低肌肉的黏滞性，还可以增加关节活动幅度，由于动态拉伸不会引起肌肉反射性的放松，所以可以很好地提高运动表现和肌肉的收缩速度。动态拉伸更适合作为增强肌肉力量表现的一些活动的准备活动。

下面介绍一种常用的动态拉伸动作，前弓步侧拉走——被称之为"世界上最伟大的动态拉伸"。

---

[1]　封旭华,杨涛,孙莉莉,等.功能性动态拉伸训练对男子足球运动员功能动作测试(FMS)和运动损伤患病率的影响[J].体育科研,2011,32(05):33-36.

图6-12 前弓步侧拉走

【动作要领】

- 以前弓步姿势伸展身体,同侧手臂的肘关节尽量触地;
- 身体充分拧转,同侧手臂伸直,头看向伸直手臂的方向;
- 腿伸直,身体尽量靠近腿,以动态方式完成动作。

(3)提高神经兴奋——灵敏热身

- 脚步热身练习(绳梯、灵敏性练习)。
- 脚步或手臂敲击热身练习。

(4)设计原则

- 注意运动项目的特点;
- 注意环境的温度和湿度;
- 全面性活动;
- 注意时间与体力的分配(强度适中)。

你会做准备活动了吗?在开始一天的运动时,愿你有个好心情!

18 "我幸福的处方笺就是：一个是，一个不，一条直线，一个终点"——尼采

这是尼采的幸福处方笺，我们每个人都应该有自己的幸福处方笺。

文学家歌德提出，生命中必须满足以下8个要素[1]。

- 拥有健康以享受工作的乐趣。
- 拥有力量以克服种种困难。
- 拥有能力以忏悔与原谅自己的过失。
- 拥有耐性以等待成功的到来。
- 拥有慈悲以看见他人的优点。
- 拥有爱心以成为有用的人物。
- 拥有信念以达到非凡的成就。
- 拥有希望以抚慰对未来的不安。

上一节我们谈论了运动前的准备活动，那么运动结束后应该立刻停止休息吗？其实不然，我们还需要在运动结束后做整理活动。为什么呢？今天我们来讨论一下整理活动。

一节完整的训练课应该由哪些部分组成？答：准备活动、训练主体和整理活动。整理活动是运动训练的延伸，可以让最终取得的训练成果最大化。因此，我们必须像重视训练一样重视整理活动。接下来，我们一起来了解一下整理活动。

1. 什么是整理活动？

（1）定义。

整理活动又称放松活动，是指在运动后所做的一些加速机体功能恢复的强度较低的练习[2]。整理活动是取得良好训练效果和预防运动损伤的重要手段之一。

（2）意义

逐步降低体内的各个机体系统功能的活动水平，协调各个系统之间的状态，让

---

[1] 歌德. 歌德的格言和感想集[M]. 北京:中国社会科学出版社, 1982.

[2] 王卫星. 高水平运动员体能训练的新方法[M]. 北京：北京体育大学出版社, 2013.

各个系统由兴奋状态转向平静；有效改善肢体局部血液循环和神经肌肉的紧张度，令僵硬、发胀的肌肉和韧带趋向松弛；避免肌肉内乳酸堆积，减轻肌肉酸痛、痉挛等症状；逐步提升血糖浓度，预防头晕，四肢无力，促进疲劳消除和体能恢复；预防运动损伤；巩固训练成果。

2. 为什么要做整理活动?

我们先来了解整理活动的理论。

（1）原理

1）在运动过程中，人体的三大系统处于高度兴奋状态，并互相协作，配合大脑主动意识支配躯体动作。

● 呼吸系统：增加肺通气量，加速氧气摄取，提高体内能量供给。

● 心血管系统：心率上升，泵血量加大，加速血液流速，加快体内能量合成与输送，让大量血液集中于四肢和静脉。

● 神经—肌肉系统：心理活动更加活跃，注意力、思维等活动更加兴奋，神经传导更加协调，效率更高。肌肉兴奋，力量增加，伸展更加灵活，控制复杂动作更加流畅。

2）突然停止剧烈活动的影响

● 呼吸频率快速下降，心率和血液流速快速下降。

● 大量血液滞留于四肢和静脉，心脏和大脑等重要器官严重缺血性缺氧，出现重力性休克引起的突然晕倒。整理活动可以继续维持呼吸和心率水平，逐渐缓解缺氧现象。

● 无氧运动时，体内会产生和堆积大量的乳酸，肌肉中的乳酸会造成肌肉僵硬和酸痛。血液中的乳酸会造成血液pH值下降，引起脑细胞活跃度下降从而造成疲劳感。整理活动可以向肌肉继续供应氧气，将这些氧气用于乳酸的氧化分解；保持血液流速，促进血液回流肝脏，让肝脏对血液内乳酸进行转化消除，补充因运动缺失的肝糖原。肝糖原可以补充大量消耗的血糖[1]。

---

[1] 谢军, 刘显斌. 整理活动方式对消除运动员运动后血乳酸效果的分析[J]. 上海体育学院学报, 2004, 28(5):3.

- 在运动过程中，人体中枢神经系统一直保持活跃状态，在人体停止运动训练以后，这种兴奋过程并不会立即停止和消除，有时甚至会延长几个小时以上。
- 长时间的神经、肌肉兴奋不利于休息和睡眠，会影响体力的恢复，还会影响工作与生活状态。
- 应用超量恢复理论进行训练时，需要保证充足的睡眠，而整理活动有助于睡眠休息。
- 整理活动能加快身体机能恢复，为超量恢复留出时间。

在前面关于力量训练的章节中，我们提到了超量恢复理论。现在让我们一起来看整理活动中的超量恢复理论。图6-13中的横坐标代表时间，纵坐标代表身体机能，身体在运动之后会产生疲劳，身体机能开始下降，通过休息，身体机能会逐步恢复到原有水平，由于对训练的适应，身体机能水平会恢复到比原有水平稍高的水平。此时存在以下两种情况：如果休息不足，身体机能下降会更加明显；如果休息充足且做良好的整理活动，身体机能就会更快地恢复到原有水平，并且有更大的超量恢复空间。

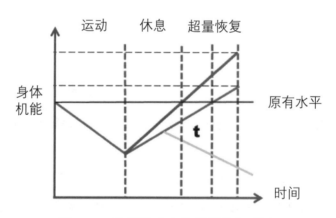

图6-13 整理活动中的超量恢复理论

（2）目的

- 平稳顺利地让机体状态从兴奋过渡到平静，尽量避免产生身体不适；
- 尽量消除运动留存于体内的代谢产物，让体内环境回归常态；
- 利用超量恢复理论，巩固训练成果，提高休息效率，确保体能快速恢复。

3. 整理活动的方法和步骤

从上面的分析我们了解到，准备活动是从以下三方面综合进行的。

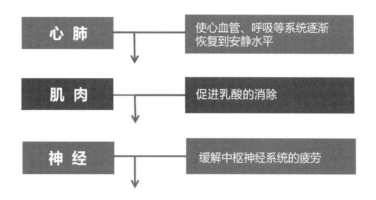

图6-14　整理活动的原理

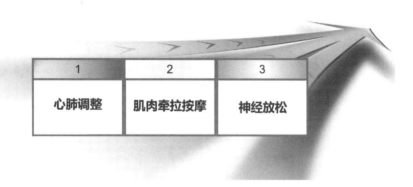

图6-15　整理活动的三步走

（1）原则

● 合理的运动量：根据之前的运动强度或训练强度，安排好整理活动的时间和练习量。

● 合理的方法：准备活动的内容应与之前的运动或者训练紧密衔接，有针对性并多样化。

● 因地制宜：充分利用周围的环境和器械。

（2）方法

1）心肺调整——与无氧运动配合的有氧整理活动

● 慢跑

● 深呼吸

2）肌肉牵拉按摩——与对抗性运动配合的合作性整理活动

● 肌群牵拉

图6-16所示为单人牵拉，图6-17所示为双人配合牵拉。整理活动的牵拉，建议采用静力牵拉，每个动作至少保持15秒。

图6-16　单人牵拉

图6-16　单人牵拉（续）

图6-17　双人配合牵拉

在肌肉按摩这部分，将介绍目前既流行又实用的肌筋膜按摩。

● 肌筋膜按摩——防止形成扳机点（激痛点）

让我们回忆一下什么是肌筋膜?

皮肤下面有一层柔软的结缔组织，它包裹联结着肌肉、骨和神经，称为表面筋膜。[1]肌肉和筋膜组成了肌筋膜系统。

【分享】肌筋膜疼痛综合征——肌筋膜炎。扳机点（激痛点）是指各种原因导致肌筋膜及肌纤维在局部痉挛而形成的紧张性和痉挛性的结节。

泡沫轴　　　　　　　　　　　　　自身重力、目标肌肉滚动

泡沫轴肌筋膜放松
1. 重点部位（扳机点）停留。
2. 轻柔移动身体，按压目标肌肉。
3. 移动方向从身体近端到远端。
4. 以感觉肌肉确实放松为准。

图6-18　利用泡沫轴进行放松

[1]　黄强民.肌筋膜触发点及肌筋膜疼痛综合征[J].颈腰痛杂志,2004,25(5):3.

图6-18 利用泡沫轴放松（续）

- 集体性体育游戏（集体拉伸等），也不失为一种很好的整理活动。

3）与神经紧张性运动配合的整理活动

- 恢复性瑜伽（动作见图6-19）

- 冥想与呼吸

让我们回忆一下前面介绍过的瑜伽练习，在整理活动中可以直接运用瑜伽练习。

图6-19 恢复性瑜伽

19 "人生短到我们无法感受无趣"——尼采

朋友，你有时会不会感觉很无聊？无聊的时候做点什么呢？尼采给我们提供了几招排解无聊的小妙方。

- 逐渐远离那些爱抱怨并且话不投机的人。
- 重拾你想做却没有做的梦想，例如：学一门语言，玩一件乐器，参加一个业余剧团。
- 试着到新的环境认识新的朋友。
- 每天学习或了解一种新的事物。
- 偶尔放任自己发疯。

其实，尼采并没有提到一种超级排解无聊的方法，那就是运动。无须器械，也不需要特别场地，你可以走出去，爱去哪去哪，运动起来就好，这会让无聊的烦恼全都跑掉。前面我们分析过跑步、散步、健步走的益处，今天着重讲讲体能运动素质中的耐力素质训练。

让我们先来了解一下耐力素质训练的好处。

- 心血管、呼吸系统的活性和能力得到增强；
- 减脂塑形，改善骨骼肌形态结构；
- 活动范围扩大；
- 长时间运动能力得到提高。

总之耐力训练好处多多。那么什么是耐力呢？

1. 什么是耐力？

耐力的定义：在一定的负荷强度下，机体能够承受的一种较长时间的运动能力[1]。

耐力的实质：通过提升机体运动供能系统的能力，延长机体在一定运动状态下承受一定负荷的时间。

耐力好的表现：心脏功能性强大；安静时心脏跳得很慢，每搏输出量大；肌肉线条修长。图6-20所示为普通人和运动员的心脏大小对比。

---

[1] 王卫星.高水平运动员体能训练的新方法[M].北京：北京体育大学出版社,2013.

普通人心脏　　　运动员心脏

图6-20　普通人心脏大小与运动员心脏大小的对比

耐力训练的理论基础是什么呢?

2．耐力训练理论

（1）人体的三大供能系统

1）ATP-CP 系统（磷酸原系统）

● 供能优先级最高、速度最快、输出功率最强。

● 存储于体内，可随时直接调用。

● 数量最少，供能时间最短（0～6秒）。

● 不需要氧气参与。

● 短时大强度项目的核心供能方式。

2）糖酵解系统

● 酵解的糖来自血糖（以葡萄糖为主）和肌糖原——分别存储于血液和肌肉中。

● 供能优先级处于第二位，在ATP-CP枯竭后，糖酵解系统为主要供能系统。一般在运动开始后6秒至3分钟内，为身体供能[1]。

● 分为快速糖酵解（无氧反应）和慢速糖酵解（有氧反应），区别在于初始酵解产生的丙酮酸的去处，前者的丙酮酸被转化为乳酸，后者的丙酮酸进入线粒体通过氧化系统供能[1]。

● 如果体内氧气不足，乳酸开始堆积，快速糖酵解将成为主要供能方式。

● 如果体内氧气充足，没有堆积乳酸，慢速糖酵解就会成为主要供能方式。

● 短时中高强度的运动项目的核心供能方式。

---

[1]　金花, 程勇民.糖酵解供能系统对羽毛球运动能力的影响[J]. 体育科学, 1998(3):2.

3）有氧氧化系统

● 参与氧化的包括糖、脂肪和蛋白质。

● 在氧气充足的情况下，一般在运动2分钟以后，有氧氧化系统将成为主要供能方式。

● 氧化作用时间相对较长，输出功率最弱。

● 需要大量氧气参与。

● 不会产生乳酸。

● 长时间、中低强度的运动项目的核心供能方式。

4）三大供能系统的关系

● 任何情况下，三个系统都会同时工作，但参与程度不一样。

● 参与程度高低顺序按照输出功率由大到小排列。

● 代谢产物不一样，对耐力素质影响最大的是糖酵解产物——乳酸。

（2）耐力素质的分类

根据是否以氧气参与的供能方式为主要供能方式，可以将耐力分为有氧耐力与无氧耐力。

不同的项目，需要不同的耐力素质。

（3）耐力素质训练影响因素

1）影响因素

● 无氧耐力影响因素

● 体内磷酸肌酸储存量

● 乳酸代谢能力

● 肌肉对乳酸的耐受能力

● 肝脏对乳酸的处理能力

● 血液对血乳酸的缓冲能力

● 脑细胞对血乳酸的耐受能力

● 有氧耐力影响因素

● 最大摄氧量——每分钟吸入和利用的氧气量

- 心肺功能

- 吸氧能力（肺功能）

- 携氧能力（心血管）

- 送氧能力（心脏泵血能力）

- 肌纤维类型：慢肌纤维拥有比快肌纤维更高的摄氧能力

2）训练方向

- 爆发力训练增加体内磷酸肌酸储存量

- 最大乳酸下肌肉和脑细胞耐受训练

- 心肺功能

- 慢肌纤维的力量训练

3）训练原理

利用人体对环境的主动适应性，在一定强度下反复刺激机体，利用超量恢复机制和生物适应机制提高机体的耐受适应能力，图6-21所示为间歇训练的原理。

图6-21　间歇训练的原理

3．耐力素质训练方法

（1）持续性训练——强度较低、持续时间较长且无间歇的练习

负荷强度较低、负荷时间较长、无间断地连续进行练习的训练方法，主要用于提高心肺功能。持续性训练包括匀速训练法和变速训练法。

（2）重复训练法——相同练习，多次重复，充分休息

重复训练法是指对同一练习形式进行多次重复，两次练习之间的休息相对充分，身体机能得到恢复充分。

（3）比赛训练法——以赛代练，以赛促练，赛练结合

即通过比赛训练提高运动员比赛所需的竞技能力。

以上方法是相对传统的耐力素质训练方法。在耐力训练中，渐增的运动负荷运动，使得血乳酸浓度随运动负荷的递增而增加，当运动强度达到某一负荷时，血乳酸出现急剧增加的那一点（乳酸拐点）称为"乳酸阈"[1]（见图6-22）。乳酸阈反映了机体内的代谢方式由有氧代谢为主过渡到无氧代谢为主的临界点或转折点。个体乳酸阈能够更加客观、准确地反映机体有氧工作能力的高低。在运动负荷较高时，可以最大限度地利用有氧代谢，防止过早地积累乳酸。通过无氧耐力训练提高乳酸的耐受力，提高个体乳酸阈，从而提高机体有氧耐力水平，把别人的无氧区变成你的有氧区。

有没有一种方法既能练习有氧耐力又能练习无氧耐力？

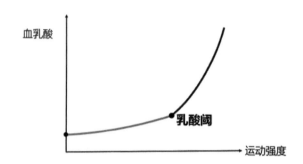

图6-22　运动强度与血乳酸的关系

现在较为流行的耐力素质训练方法是通过无氧耐力训练，提高有氧耐力水平。

【分享最典型的训练方法】

间歇训练法——德国中长跑教练员波·格施勒（Bo Gerschler）和生理学家赖因德尔（Reindel）于20世纪40年代共同创造的一种训练方法。

（4）间歇性训练——两次练习间进行适当的休息

- 重复训练法：完全休息。

- 间歇训练法：不完全休息，利用间歇期进行强度较低的练习。

- 意义：增加体内磷酸肌酸储存量，改变乳酸阈，提高抗乳酸能力；提高心肺功能；同时增强有氧和无氧耐力。

---

[1]　王瑞元,孙学川,熊开宇.运动生理学[M].北京:人民体育出版社,2002:36.

【以1500米项目为例】

1500米属于有氧耐力和无氧耐力混合的运动项目。无氧代谢占供能的比例虽小于有氧代谢，但其对维持更高的平均速度至关重要。无氧供能与有氧供能的比例约为3:7 ~ 2:8。

下面介绍三种1500米间歇训练法。

1）短距离间歇（发展无氧耐力）

- 300 ~ 500米，4 ~ 5次

- 保持心率>190次/分钟

- 间歇4 ~ 5分钟，至心率130次/分钟

- 训练总量约为目标距离的1.5倍

2）中长距离间歇（发展混氧耐力训练）

- 600 ~ 1200米，2 ~ 3次

- 将心率保持在175 ~ 185次/分钟

- 间歇至心率恢复到130次/分钟

- 训练总量约为目标距离的1.5倍

3）变换间歇 / 距离间歇（发展抗乳酸能力）

- 300米快+300米快+300米慢+300米中+300米中

- 300米中+300米中+400米快+500米快

- 将心率保持在180次/分钟

- 间歇至心率恢复到120次/分钟

- 训练总量为目标距离

【讨论】什么样的项目属于"短时、大强度"？（举重、跳高、跳远和100米跑）

【提问】如何衡量运动强度？

（1）最大摄氧量

（2）心率水平（最大心率的百分比）

（3）体内氧气是否充足

【讨论】

什么样的运动项目属于"短时、中高强度"的运动项目？（200～400米跑、50～100米游泳和足篮排球）

什么样的运动项目属于"长时、中低强度"的运动项目？（800～5000米跑、200～1500米游泳、马拉松和长距离骑行）

【举例】

以1500米跑为例，下面介绍三大供能系统的工作方式。

起跑后最开始的6秒钟，大部分由磷酸原供能；6秒后由糖酵解系统开始为运动供能，磷酸原功能减少；到30秒时，糖酵解将成为主要供能系统；2分钟后，氧化系统开始为运动供能，糖酵解供能逐渐减少。

【讨论】乳酸是如何影响我们运动的？乳酸会让机体感到疲劳。

● 乳酸堆积于肌肉中，造成糖酵解效率降低，能量不足，使肌肉产生酸痛感——肌肉疲劳。

● 乳酸大量进入血液，使肝脏无法及时处理，导致血液pH呈酸性，脑细胞活跃性降低，神经系统传输效率降低，肌肉控制能力下降——精神疲劳[1]。

运动时，乳酸的代谢是通过汗液极少量地排出体外，一部分在肌肉中通过氧化作用转化为能量，一部分进入血液，剩下的驻留在肌肉中。进入血液的乳酸形成血乳酸，一部分被肝脏转化为肝糖原，再转化为血糖进入糖酵解系统，超出肝脏处理能力的部分将驻留在血液中。

【提问】最大摄氧量＝肺活量？

【分享】最大摄氧量的决定因素：

● 遗传占93%；

● 通过训练，可以将最大摄氧量在初始水平上提高5%～25%。

大家可以根据自己的需求进行练习。

---

[1] 冯炜权.血乳酸与运动训练[M].北京:人民体育出版社,1990.

【练习1】分组进行300米短距离间歇训练，并自我监控，记录心率水平，检测心率水平是否符合训练要求。（如果心率水平不达标，则适当增加训练强度——速度和距离）

【练习2】分组进行600米中距离间歇训练，并自我监控，记录心率水平，检测心率水平是否符合训练要求。（如果心率水平不达标，则适当增加训练强度——速度和距离）

【练习3】分组进行变换间歇训练，并自我监控，记录心率水平，检测心率水平是否符合训练要求。（如果心率水平不达标，则适当增加训练强度——速度和距离）

今天你进行耐力训练了吗？

20 "爱不是抚慰，而是光"——尼采

"爱"是一种感觉，是一种信任，是关心，是帮助，是心疼。

爱是生命之光，是灵魂的共鸣。

"爱是这个世界的灵魂，它属于整个生命系统。因为爱，我们才觉得生命如此美好，生命才拥有了智慧、期待和求索。爱，也出自心灵，也出自本然。爱是生命最美、最自然、最渴望的情愫和状态。爱是一个生命对另一个生命或事物的珍重、眷顾和牵念。爱是对世界的怜惜和悲悯。"[1]

在这里，讲一则小故事。

一位大学教师要求学生列出自己心目中的世界七大奇迹，虽然大家的意见各不相同，不过最后得到最多票数的是埃及金字塔、印度泰姬陵、美国大峡谷国家公园等。当在统计票数时，老师发现有位安静的女学生还没有让大家看看她提供的排名。于是，老师问她的名单是不是有什么问题。

"是有一点"，她回答，"有太多选择了，我没办法做出决定。"

"那么，说说你的名单上有哪些吧？或许我们可以提供帮助。"老师回答。

在念出她的名单之前，女学生迟疑了一下。

---

[1] 顾静怡. 植入慢跑中的环保[J]. 思维与智慧, 2018 (23):16.

"我认为世界七大奇迹是视觉、听觉、触觉、味觉、感觉、欢笑与爱。"

整间教室陷入了沉默，这么简单明了的答案，我们却认为它们是这么不可思议。

我们拥有如此多美好的奇迹，就让我们用科学的运动来管理好这些奇迹吧，让它们变得越来越美好。今天给大家提供一项可以拯救地球的运动——"拾荒慢跑"（Plogging）。让我们来了解一下这项运动。

Plogging是瑞典语的一个派生词，是拾垃圾（Plocka up）与慢跑（Jogga）两个词的组合，中文翻译为"拾荒慢跑"，通俗一点叫"慢跑捡垃圾"。这项运动最初由57岁的埃里克·阿尔斯特姆（Erik Ahlstrom）发起，当他从瑞典中部的滑雪胜地搬到首都斯德哥尔摩后，他无法相信城市之中有如此多的垃圾，于是他组织了慢跑团，号召友人们和他一起穿过斯德哥尔摩，随时随地捡垃圾。2016年，这项运动在瑞典引发强烈关注，吸引越来越多的运动团体参与其中，成为一项热门的运动社交活动，并引起人们对塑料垃圾的关注和担忧，这项运动于2018年迅速风靡全球，如今，Plogging已经在社交媒体上拥有了自己的标签，Plogging运动的参与者通过社交平台分享自己的运动动态，他们不再晒自己运动的公里数或是燃烧的卡路里量，而是上传捡拾垃圾的照片、挑战收集垃圾的数量[1]。"Plogging伦敦""Plogging纽约""Plogging法国"等话题相继登上了各国媒体热搜榜单。

"拾荒慢跑"席卷全球的秘诀之一在于其受众广泛且简单易行。无需特殊的装备，只需多一副手套、几个垃圾袋，你便可在跑步健身的同时兼顾环保，在改善自身健康状况的同时改善自然环境。这是无论老人或是儿童都可以参与的真正意义上的全民健身。而"拾荒慢跑"兴起的更深层原因在于随着经济水平的提高，强调珍惜身边片刻幸福的"小确幸"思潮兴起，越来越多的人希望为维护身边的幸福承担起自己的责任，而"拾荒慢跑"使每个普通人都能尽自己的微薄之力为保护环境做出贡献，彰显每一份微小力量的作用，使运动参与者沉浸于运动拯救地球的自豪感中。这项健身运动看似普通，却有着人人期待的结果——让世界成为更好的世界，让自己成为更好的自己。

作为一项全新的运动形式，"拾荒慢跑"旨在鼓励人们在运动的同时，捡起和搜

---

[1] 顾静怡.植入慢跑中的环保[J].思维与智慧, 2018, (23):16.

集周围的垃圾，以实现锻炼身体和净化周围环境的双重目标。跑步对自身健康有益，而拾垃圾对地球的健康有益，Plogging将两者巧妙地结合在一起，为普通跑步运动打造环保场景，将善行和环保情怀融入运动中，形成一种新的环保健身运动形式。这种场景打造与多元素融合，将相同特征和需求的用户聚集到一起，创造出一种全新的社群亚文化，促进用户的团结，实现运动价值的最大化。

虽然被赋予环保的内涵，Plogging本质上是一项运动项目。事实上，Plogging看似简单，却能达到意想不到的运动效果。健身应用程序Lifesum统计数据显示，一般慢跑平均每小时消耗235卡路里的热量，Plogging则平均每小时可消耗288卡路里热量，比一般慢跑消耗更多的热量，对于减脂来说，具有更好的燃脂效果[1]。除此之外，Plogging遵循"慢跑—短暂间歇—下蹲捡垃圾—起身—慢跑"基本运动流程，形成综合的"间歇"和"伸展"，可以综合锻炼胳膊、腿等多处身体组织；捡垃圾的动作类似于健身中常见的深蹲动作（当然得注重动作要领），前文我们介绍过深蹲，深蹲以其稳定的结构、合理的支撑和全面的肌肉参与成为运动训练当中的经典运动。Plogging不仅提高心肺功能，还可以全方位增强肌肉力量，运动健身效果十分显著。你有没有对Plogging运动心动呢，约上三五个好友，开始这项既经典又流行的运动吧，爱世界也爱自己。当你开始爱自己时，世界都是暖的。

---

[1] 顾静怡. 植入慢跑中的环保[J]. 思维与智慧, 2018 (23):16.

第七章　放飞释放伟大的自己

21　"想要学会飞翔，必先学会站立、行走、奔跑、攀爬及舞蹈；没有人能够直接飞翔"——尼采

压力与挫折的原因之一，是你还没做好准备便仓促应战。如同尼采[1]所说：没有学会这些基本技能就想展翅高飞的人，注定会在跌倒后一蹶不振。

生命中有无数的考验，每一个考验都是带领我们前往下一个关卡的阶梯。

人们有时总是抱怨自己生不逢时，或者运气不好。当我们强调运动的重要性时，有些人会说，我腰不好，根本不适合运动。然而，拒绝改变就意味着我们拒绝走向健康的道路。殊不知，所谓的腰不好，正是由于我们没有良好的生活习惯，缺乏运动造成的。久坐不动，肌力不足，这些都是造成腰部疾病的原因。腰部疾病比较突出的常见问题是腰椎间盘突出。

如何预防腰椎间盘突出？患有腰椎间盘突出疾病的人真的可以运动吗？今天，我们来聊聊腰部的训练。

首先，我们需要知道腰在哪吗？有人说，这还不容易，一叉腰就知道腰在哪了。你能说出准确说出腰部的位置吗？似乎不那么容易。因为，腰部的确是一个相对模糊的概念。腰部指的是一个区域，在人体后部肋骨以下部分，髋骨以上部分，腰椎左右所在区域即为腰。腰是一个整体的概念，既包含肌肉也包含骨骼。腰椎间盘突

---

[1]　马德浩.体育的哲学内涵——基于尼采哲学的探究[J].体育科学,2010(11):6.

出是腰部最常见的疾病。产生腰椎间盘突出的原因有很多，主要包括①身体姿势不当、长时间久坐、平时缺乏运动使椎间盘失去弹性而导致突出；②腰部肌肉力量不足、腰部长期失去肌肉的保护容易产生腰椎间盘突出。正因为腰部是一个区域，因此，腰部的训练要遵循整体性原则。整体性指的是肌肉和骨骼组成的整体，也是身体姿势和肌肉训练组成的整体。腰部训练要做到以下两点。

- 掌握正确的身体姿势：减轻腰部肌肉负荷，避免关节错位。
- 加强腰部肌群训练：有效完成正确动作，保护腰部。

掌握正确的身体姿势是要求我们无论在运动中还是在生活中都必须学习正确的屈髋动作。什么是屈髋呢？屈髋就是在保持脊柱伸展的状态下将躯干前倾的姿势（见图7-1）。正确的屈髋姿势能够让脊柱保持伸展状态，在这种状态下，背部肌肉可以为脊柱提供保护；在屈髋的同时保持屈膝，为臀部发力提供条件，双重保护我们的腰部。请记住屈髋动作的要领：腰背挺直，核心收紧。在生活中，无论是端坐还是搬重物，我们都要采用正确的屈髋姿势，掌握和保持正确的身体姿势，才能更好地保护我们的腰部，预防腰椎间盘突出等腰部疾病。

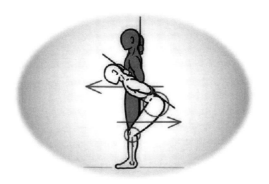

图7-1　屈髋

另外，切忌久坐。人人都知道久坐伤身，可总是一不小心就容易久坐。让我们先来了解一下久坐到底能有多大的危害！

由于工作、学习等众多因素的影响，现代人很多时候会不自觉地处于久坐不动的状态。毫无疑问，酸痛的颈椎和腰部会时刻提醒你久坐的危害。如果你在日常生活和工作中经常久坐，那么你要注意自己是否已经患上了肥胖、脂肪肝等疾病。

久坐的危害不止于此，大体来说，久坐对我们身体的以下5个部位伤害最大。

①久坐伤肉。中医也有"久坐伤肉"的说法。久坐不动会造成气血不畅，缺少运动会使肌肉变得松弛、弹性降低。久坐不动的人轻者会出现下肢浮肿、倦怠乏力等症状；重者会肌肉僵硬，麻木，从而引发肌肉萎缩。

②久坐伤神。久坐不动会使血液循环减缓，从而导致大脑供血不足，产生精神压抑。具体表现为体倦神疲、精神萎靡、哈欠连天；若久坐后突然站起，还会出现头晕眼花等症状。久坐思虑耗血伤阴，老年人会出现记忆力下降，注意力不集中等现象。若因此阴虚心旺，还会引发五心烦热，以及牙痛、咽干、耳鸣、便秘等症状。

③久坐伤心。久坐不动会使心脏机能衰退，引起心肌萎缩。尤其是患有动脉硬化等疾病的中老年人，久坐最容易引发心肌梗死和脑血栓。

④久坐伤胃。久坐会让我们由于缺乏运动而导致胃肠蠕动减弱，消化液分泌减少，长时间久坐会导致出现食欲不振、消化不良、脘腹饱胀等症状。

⑤久坐损筋伤骨。久坐时，颈肩腰背保持固定姿势，椎间盘和棘间韧带长时间处于一种紧张僵持状态，这会导致颈肩腰背僵硬酸痛，或俯仰转身困难。坐姿不当还很容易引发驼背和骨质增生。

久坐会使骨盆和骶髂关节长时间处于负重状态，影响腹部和下肢的血液循环，从而出现便秘、痔疮、下肢静脉曲张等症状。看到这里，你是否意识到自己不应该久坐不动呢？赶紧站起来活动一下吧！

【温馨提示】伏案午睡有潜在危害！

很多人都有趴在桌子上午睡的习惯，特别是学生和白领。事实上，伏案午睡非但不能让人得到充分放松，还有很多潜在危害。

伏案午睡时，多处神经受到压迫，人在这种情况下往往处于焦虑状态，并不能睡踏实。

其次，伏案午睡会使眼球受压，视力受损。有些人在午睡后会出现暂时性视力模糊，原因就是眼球在睡觉时受到了压迫。如果长时间伏案午睡，会造成眼压过高，使视力受到影响。对于已经出现轻微近视症状者、近视患者或戴隐形眼镜的人，应尤其注意这一点，切勿伏案午睡。其次，伏案午睡会使脸部变形，手臂酸痛。长时间压迫手臂和脸部，会影响正常的血液循环和神经传导，使脸部和双臂麻木酸痛。长此以往，会导致局部性神经麻痹或使脸部发生变形。

由此可见，伏案午睡并不是一种良好的休息方式。有些人习惯在午休时坐着打盹，研究表明，这并不能消除疲劳。通常，当人体处于睡眠状态时，血液循环会减慢，头部供血会减少，坐着打盹时供给大脑的血液会更少，很容易导致人睡醒后出现头昏、眼花、乏力等大脑缺血、缺氧的症状。久坐、伏案午睡、坐着打盹都是不良的生活习惯，不良的身体姿势容易引起很多颈椎和腰椎的问题和疾病。希望朋友们重视这些问题，养成良好的生活习惯，健康生活。

那么，已经患有腰椎间盘突出疾病的人还能运动吗？运动真的对腰椎间盘突出恢复有好处吗？让我们先来总结一下运动为腰椎间盘带来的好处。

①运动能够增加整个身体的血液循环，帮助椎间盘获取更多营养物质。椎间盘的修复不能缺少营养物质。椎间盘是无血管组织，很难直接通过血液获取营养物质，主要是通过血管扩散作用来获取营养物质。运动能够通过加速血液循环，给椎间盘带来更多的营养物质，加速康复过程。同时，运动还可以缓解椎间盘的压力，让椎间盘吸收与排出水分。这个过程可以完成营养物质的扩散吸收与椎间盘代谢废物的排放，有助于保持椎间盘健康。

②运动能够改变突出物质对神经的压迫程度，有效缓解压迫症状。椎间盘的髓核大部分由水分组成，并随负重而移动。也就是说，椎间盘的髓核突出物质能够在腰椎压力的变化下前后移动。如果你的椎间盘轻微向后突出，当你向后弯腰时，椎间盘后侧会积累较多的压力。这样会促使髓核突出物质向前移动，减少对神经的刺激，缓解腰突症状。[1]因此，适当运动能够改变椎间盘的受力，减少髓核突出物质对神经的压迫，从而缓解腰突症状。

③运动能够强化肌肉，减少椎间盘的压力，促进椎间盘的修复。缺乏运动是导致腰椎间盘突出的主要原因。腰椎被肌肉包裹和保护着。作为腰部的动力装置，肌肉不仅是腰部发力的基础，还有着吸收外界压力、稳定腰椎、减轻腰椎压力的作用。

---

[1] 宋桦, 高立. 二十四式太极拳锻炼对腰椎间盘突出症影响的研究[J]. 北京体育大学学报, 2008, 31(5):3.

尤其是腰腹部的深层肌肉，会直接影响腰椎的稳定性。运动能够强化这些深层肌肉，减少腰椎间盘的压力，为椎间盘的修复创造良好的环境，同时还能促使椎间盘内产生生长因子。

④运动能够通过改善椎间盘周围的软组织受损情况帮助缓解症状。椎间盘突出本身不会引起太多症状，但是椎间盘周围软组织受损就有可能造成腰腿痛。运动不仅对椎间盘本身有作用，对周围的组织也有影响。例如，运动能够促使肌肉更有效地从血液中提取氧气，提高肌肉收缩效率，帮助解决因腰突不能久坐、久站、弯腰等问题；运动还能够增加韧带和肌腱强度，避免因韧带松弛等原因导致的椎间盘磨损。

既然有这么多益处，事不宜迟，快来了解锻炼方法吧。如果你正处于腰椎间盘疼痛阶段，请遵医嘱选择练习方法。以下训练方法可供预防腰伤和非发病期的腰椎间盘突出的朋友们参考。

1. 平板支撑

【动作要领】1.腰背挺直，核心收紧；2.肩髋踝在一条直线上，不塌腰不翘臀。

图7-2　平板支撑

2. 侧桥

【动作要领】1.腰背挺直，核心收紧；2.肩髋踝在一条直线上，不塌腰不翘臀。

图7-3　侧桥

2. 背桥：在不改变脊柱生理曲度的情况下强化背部肌群。

图7-4　背桥

【动作要领】1.腰背挺直，核心收紧；2.肩髋踝在一条直线上，不塌腰不翘臀。

在之前的核心稳定性训练中，已经提过以上动作，因为腰部也处于身体的核心部位，根据每个人自己的个体情况，练习这三个动作一定的时间。建议每组练习45～60秒，共进行三组练习。

只要开始动起来，一切就会向好的方向发展。只有让自己越来越健康，才有持续腾飞的机会。

22 "最常见的谎言就是自欺欺人"——尼采

尼采说：欺骗他人其实是一种微不足道的错误，欺骗自己才会让自己变成怪物。[1]

欺骗自己也是造成自我压力的主要来源之一。我们总认为自己是对的，整个世界都是错的。

对一般人而言，检讨别人总比检讨自己容易得多。但是，我们的身体永远不会欺骗自己。

我们讲过膝关节疼、腰疼等各种不适症状，你可以问问自己以下几个问题。

你有没有出现过以下这些症状：脖子发僵、发硬、疼痛，颈部活动受限，肩背沉重，肌肉变硬；上肢无力，手指麻木，肢体皮肤感觉减退，手握物品时常不自觉掉落；下肢不听指挥，或下肢绵软；头痛、头晕、视力减退、耳鸣、恶心……

如果你出现这些症状中的某一条或者某几条，就需要注意了，因为你很可能患有颈椎病。

还是那个问题——运动可以缓解颈椎病？当然可以。

运动是防治颈椎病的最佳方式之一。从人体解剖结构的特点来看，脊柱是全身骨骼肌肉系统的中枢，全身的肌肉群几乎呈放射状与颈椎密切相关，全身各关节肢体的运动都会影响脊柱，包括颈椎的姿态和稳定性；反之，如果肌肉关节运动功能下降，比如平衡性和耐力下降，也会增加颈椎的运动失衡或功能障碍，导致颈椎过早出现退行性增生。

运动对颈椎病的调理作用主要体现在以下5个方面。

（1）通过肌肉和关节的运动，缓解对颈髓、脊神经根和椎动脉等神经、血管的压迫。

（2）通过颈椎主动或被动运动训练，促进局部的血液循环，使水肿、炎症等尽快消散。

（3）通过颈背部的肌肉力量训练，恢复和增强颈部及上肢等肌肉的力量，以及颈肩背部两侧的肌力，保持颈枕椎的稳定性，防止肌肉出现萎缩。

---

[1] 尼采,波西.尼采治焦虑:摆脱焦虑、静心安神首选心灵读本[M].武汉:长江文艺出版社,2014.

（4）通过颈背部的肌肉力量训练，减轻肌肉痉挛状态，缓解疼痛。

（5）通过颈椎关节活动度训练，改善颈椎的功能性活动能力，防止颈椎关节的僵硬。

根据身心医学的理论，颈椎病的发病并不仅与骨骼肌肉系统的功能失衡有关，还与身体、心理、社会各种复杂致病因素的长期作用有关。在现代社会中，人们要面对生活、工作各方面的压力，交感神经系统长期处在高度应激状态，颈椎病只是这种长期高负荷下整体健康状态下降的集中体现。运动对身心健康的影响是全面性的。

当然，如果颈椎有问题的朋友想做运动，应遵守以下四原则[1]。

（1）慢：在运动过程中，动作一定要缓慢，千万不要快速地扭动脖子、左右摆头，以免引起颈椎及周围组织损伤，导致颈部血流受阻而引起头痛、眩晕等不适。

（2）松：在运动过程中，颈部始终要保持放松状态，不能让肌肉持续紧绷，运动时不要用力过猛，要充分放松身体及颈部，使全身血液通畅，肌肉和关节得到充分舒展，这样才能达到锻炼颈椎的目的。

（3）静：在进行颈部锻炼时，要保持心情平静，集中精力，排除杂念，当身心高度集中时，你能够充分感觉到颈部肌肉和关节在运动锻炼过程中的变化，从而使动作更到位，对颈椎病患者更有益。

（4）恒：要有恒心，坚持不懈，这是最关键、最重要的一点。需长期坚持颈部的运动锻炼，才能达到防治颈椎病的目的。

下面推荐五节颈椎病保健体操，让我们一起来保护颈椎。

五节颈椎保健体操包括提托头颈、与颈争力、颈项侧弯、前伸探海、回头望月。这套操简单易学，有益于疾病预防与康复。

第一节：提托头颈

站立，头部微微后仰，双手交叉托于头后方，向上提托头颈，一张一弛，重复30～50次。可同时配合胸背部后仰，以活动脊柱的上部及胸廓、肩背等部位，达到伸展放松各关节的作用。

---

[1] 吴毅文. 颈部运动与颈椎病功能康复的关系[J]. 中国组织工程研究, 2001, 5(8):88.

第二节：与颈争力

站立，双手叉腰，两脚分开与肩同宽，反复做抬头看天、低头看地运动重复20～30次。练习时，胸部保持不动，抬头时尽量上抬，以能看到头顶上方的物体为宜；低头时，下颌尽量内收。

第三节：颈部侧弯

站立，双手叉腰，两脚分开与肩同宽，分别做左右交替的颈椎侧弯活动，侧弯时尽量用耳朵去碰触同侧肩膀，停留5秒，重复20～30次。

第四节：前伸探海

站立，双手叉腰，两脚分开与肩同宽，头颈前伸并侧转，窥探前下方，犹如向海底窥探物体一样，左右交替，重复20～30次。在练习时，动作要自然、连贯、和缓，头颈始终保持前屈状态。

第五节：回头望月

站立，双手叉腰，两脚分开与肩同宽，头颈转向身后，观看身后天空，左右交替，如此反复15～30次。此节尤其适合颈椎后仰及旋转受限的颈椎病患者。

温馨提示：在练习颈椎操时，读者可以根据个人情况单独进行其中的一式，也可将多式有机地结合起来，练习要循序渐进，避免活动过度加重颈部劳损。

23 "有多少人懂得观察？在那极少的少数人中，又有多少人懂得观察自己？每个人都距离自己最遥远"——尼采

许多人都希望自己能长得高，然而身高很大程度上受到先天遗传因素的影响，因此长不高的人往往会抱怨自己没有获得好的基因。其实不必如此，先天因素是难以改变的，但我们可以通过后天的努力，尽可能地让自己的身高达到或接近理想水平。

如果你是处于生长发育的大好时期的青少年，那么建议你通过有效的运动、合理的营养和充足的睡眠，可以弥补先天不足。

世界卫生组织的一项报告指出，人体的生长速度在一年中是不同的，长得最快的是在5月份[1]。在这段时间，人们从漫长的冬季走出来，开始从事更多的户外活动；气候转暖，万物苏醒，儿童与青少年在这一时期的生长发育也最为迅速。运动有助于促进身高的增长，建议有需求的朋友在这一时间段积极参加体育锻炼，帮助身体进行长高。

前面讲过许多种运动形式，这些运动形式都有助于身体的生长发育，那么哪些运动可以更有针对性地帮助长高呢？在此，我们把可以帮助长高的运动分为以下三类。

（1）有氧运动：游泳、慢跑、快步行走、滑冰、骑车、球类运动等有氧运动，通过大肌群有规律的反复运动，可以加速血液循环，促进新陈代谢和生长激素的分泌。有氧运动最好每周3～5次，每次1～2组，每组30～60分钟[2]。

（2）跳跃性运动：人体的高矮主要由下肢骨骼的长短决定，多做一些跳跃性的运动，如跳绳、蛙跳、单足跳、纵跳摸高跳等运动，这些运动可使下肢得到规律性的压力，充足的血液供应便会加速骨骼的生长。弹跳运动以每天1～3次，每次5～10分钟为宜[2]。

（3）伸展类运动：引体向上、悬垂摆动、韵律操、太极拳、踢腿、压腿等伸展运动，可以增加柔韧性，使身体变得更加轻松和灵活。配合前两种运动，每周进行3～5次伸展类运动。

另外，考虑到设施、场地、器械和经济因素，推荐简单易行，耗时少，对设备、器材要求少，容易坚持的运动——下坡跑。可选择倾斜度较小的斜坡，由坡上往坡下快跑，跑时让身体重心稍微向后，每次跑300～500米，根据能力完成2～3次练习[2]。

通过运动来帮助孩子长高是行之有效的做法，但需要长期坚持。坚强的毅力、家长的鼓励、良好的习惯是促进运动增高的重要因素。除了坚持运动外，还要注重健康饮食，不挑食，多补充蛋白质、维生素、矿物质。另外，充足的睡眠对生长十分重要。

在此，笔者想说的是，切莫因为身高影响我们的心态和生活。日本心理学家和

[1]　刘又姣.一年之计在于春 神秘5月快长高[J].时尚育儿,2017(5):2.

[2]　杨月亮.有利于长高的运动[J].中华家教,2008(5):1.

作家岸见一郎曾因自己身材矮小而感到烦恼。当他找朋友诉苦的时候，朋友却一笑了之。他说，如果当时朋友不停地安慰他，那他一定会讲一些因为身高问题而受到的困扰。但朋友并没有那么做，当时岸见一郎觉得朋友不理解他，但后来他想通了，其实外表对于人的价值没有丝毫的影响。当时他还因为身高问题逃避了许多与人交际的机会，他的朋友因此批评了他，并对他说了这样一句话："你有让人变轻松的本领。"听了朋友的话，他顿时有种没有被抛弃的感觉，而且让他觉得不可思议的是，当他换个角度看待自己之后，就再也没有在意过自己身材矮小这件事。所以说，无论身材高大或矮小，这都不重要，改变你对自己的认识，肯定自身的价值，这才是最重要的。

24 "脆弱是我们最好的老师，然而我们却总是不知道要对它感恩"——尼采

有的时候，在面对困难的人、事、场面，或者只拥有片刻独处的安宁时刻时，我们的内心会突然涌出一阵无力感。随之而来的，可能是一些负面情绪，例如焦虑、暴躁、愤恨、自卑……这是一种叫作脆弱的心理状态。

在我看来，大多数"脆弱"的实质是，人们在面对各种压力时，出于对结果可能失控的担忧，会产生一种应激反应。这种担忧有时是偏理性的，有时又是偏感性的。但总体来说，这会给人带来不适的感受。

压力实际来自我们面对现实与期望之间的差距，该差距与压力成正比。

每个人都会有脆弱的时候，只是脆弱出现的频率、强度和应对方式不同。所以我们不必害怕和逃避脆弱，但应该警惕它带来的以下三个副作用。

（1）认知力下降。处于脆弱状态的人，对周围事物的认知能力会出现下降。这时的我们可能对他人的言语过度地敏感，出现错误的诠释。脆弱还可能导致我们对事情的发展变化无法做出理性的分析和判断。这很可能会让我们产生一些错误的信念，既对当下的问题解决没有帮助，还可能形成某些心理暗示或潜意识，在未来出现某些相似场景时影响我们的判断。"爱钻牛角尖"是对这一状态的描述。

（2）情绪控制力下降。易怒、易躁、失望、害怕、羞耻、孤独、无助、崩溃、厌世……很多负面情绪此时可能会悉数登场。这很有可能会让我们对事态发展产生错误的判断，同时，还会导致人际关系紧张。

（3）行动效率下降。在"脆弱"光环加持下的我们，做起事情来会有一种畏首畏尾、瞻前顾后的感觉，这会导致我们注意力分散，让我们无法全身心投入到工作和学习中，效率会变低，而低效的工作会让我们的价值感备受打击。

这三个副作用才是我们应该关注和应对的"敌人"。它们不但会制造困难，还会强化我们的脆弱感，让人形成了一个很强的负循环。

我们都清楚，要想打破循环，破坏循环中的链接点是关键。因此提升认知能力、引导情绪走向积极、调节注意力，就是我们要攻克的目标。你对这些是不是感到很熟悉？这不就是运动带来的效果吗？可参考下面推出的"战胜脆弱运动处方"。

> 第1步：
>
> 目的：恢复认知能力。
>
> 做法：音乐，选择舒缓的音乐；器材，一块舒适的垫子；场地，一个安静的地方；动作，约上朋友或做一次属于自己的冥想。
>
> 第2步
>
> 目的：调节情绪，让自己拥有积极的情绪。
>
> 做法：音乐，选择欢快的音乐（如果你没有邀请到小伙伴，独自听听音乐也是很美的事情；器材，无需任何器材；场地，一个熟悉的、安全的运动场所；动作，自己聆听音乐或找个小伙伴一起健步走吧，边走边听音乐边思考，或边走边聊，你的情绪很快就得到调节，转向积极。
>
> 第3步
>
> 目的：改善社交能力，提升价值感。
>
> 做法：音乐，选择适合瑜伽的音乐；器材，一块舒适的垫子；场地，一个温暖舒服的空间；动作，三两朋友一起做做瑜伽。
>
> 第4步
>
> 回想并思考，寻找压力源，找出应对方法。

> 准备：可以与之前一同运动的小伙伴们一起启动头脑风暴。
>
> 开始：复盘近期发生的事件，包括自己的应对方式；分析引起自己出现无力感的事件；列出更适合的处理方式。
>
> 结束：别忘了和朋友来个温暖的拥抱，如果只是独自一个，就对着镜子冲自己笑笑，记得永远爱自己，爱生活，每天都微笑着面对生活。

脆弱其实是我们的老师，它会通过各种途径向我们释放一些重要信号。这些信号虽然让我们很难过，但其实也在警示我们，让我们注意到自身的状态，尽快将自身状态调整至最佳，找到问题的根源（压力源），将注意力放在解决方案上。运动无疑是通往正确目的地上的一座桥梁。充分利用好运动，让运动助我们一臂之力。

25　"每个人都是当下所发生的事的幕后推手，也是最初的原动力"——尼采

人无千日好，花无百日红，好运降临取决于你自己，幸福也是由你自己决定的。

那么，如何才能获得属于自己的幸福呢？

除了运动，让我们来聊聊心理学。无论是工作、教育和理解力，还是关爱、成长和娱乐，都与心理学有着千丝万缕的关系。

关于幸福，积极心理学家也许能给我们一些满意的答复。积极心理学的目的就是要以科学有效的方法，有的放矢地解决人类行为中存在的问题，并以通俗易懂的语言阐明问题。通过总结心理学家们的幸福妙招，可以获得五条幸福小妙招，任选其中一个小妙招，只要能连续不断地坚持两个星期，你就可以变得比从前更快乐。

这五招究竟是什么呢？运动、写日记、做点好事、冥想、感恩。

1. 运动

研究表明，越是运动，人就越兴奋、越有激情。宾夕法尼亚州的研究人员阿曼达·海德在《运动心理学期刊》上发表的一篇文章中指出[1]："和日常相比，人在运

---

[1]　孙延泉, 张连强, 侯开江等. 体育科学 运动心理学:飞行员心理能力综合测试系统的开发与研制[J]. 中国学术期刊文摘, 2007, 13(22):1.

动的日子里会更加开心。"不必花太多时间，一周只需健步走三次，每次健走半个小时，就可以增加你的幸福指数。通过采用我们之前提到的各种运动方式，结合自己的需求和运动优势进行运动，你会更幸福，这也是本书一直强调的一个宗旨：科学运动，幸福一生。

2. 写日记

花一点时间记录下一段充满正能量的经历，可以大幅度地提高幸福感。

为什么呢？因为你记录的过程就是对这次经历的一次重温，此外，你每读一遍该记录，就会重温一次幸福感觉。大脑会将帮你重回当初的场景中。

在得克萨斯大学的研究"我究竟有多爱你？"中，研究人员理查德·斯莱切和詹姆斯·潘尼贝克让一对夫妇中的一人花20分钟的时间描写他们的夫妻感情，每天如是，反复进行三次。

研究发现，一段时间后，这对夫妇的夫妻感情比测试组中的其他夫妻更加亲密、更加牢固[1]。

那么，这20分钟到底是如何发挥其奇妙功能的呢？记录帮我们记住了人的善良，以及一切经历过的幸福时刻。写日记会让我们更加幸福，让我们从今天开始记录自己的生活吧。

3. 做点好事

做点好事可以大大增加幸福感。心理学专家认为：人最基本的欲望就是归属感和价值感。也就是人们在自己所属于社会、职场、学校和家庭中的感觉。可以说，人的行为目的就是得到归属感。阿德勒认为，归属感不会凭空产生，必须积极地与共同体产生联系，才会有归属感。人只在觉得自己有价值的时候才会有勇气。

思考一下，你在什么时候会喜欢自己？应该是在觉得自己对人、对社会是有用的时候。因此，我们应该去做一些觉得自己对他人有用的事。如果知道自己能以什么形式做出奉献，做好事，你就会感受到自己存在的价值，从而喜欢上自己。

刚才我们谈到了归属感，我们需要了解的是，归属感不仅会从自身所属的团体或者身边人那里得到，还可以通过对他人的奉献而获得。

---

[1]　作者不详. 家人的爱有助防慢性病[J]. 家庭医药：快乐养生, 2020(2):1.

这就像心理学家马丁·塞利格曼教授（Martin E.P.Seligman）所说的那样："科学家发现，在我们测试过的所有方法中，帮助别人是提升幸福感最可靠的方法之一。"[1]

4. 冥想

来自马萨诸塞州总医院的一支研究小组对比了人类在冥想前后的脑部扫描X光片，并将研究结果发表在了《精神病学研究》上[2]。

研究显示，冥想两分钟后，大脑中控制同情心和自我意识的区域会明显扩大，相反，控制压力的区域则会明显减小。数项研究表明，冥想可以"持续不断地重组"人类的大脑以增加幸福感。在第一章中，我们就提出了冥想的方法，赶紧复习进行冥想练习的方法并坚持练习哦。

5. 感恩

假如一点点小事就足以令你开心，那么，幸福就不再遥不可及。

找一个记事本，然后在上面写下过去一周值得感恩的三五件事。

2003年，研究人员罗伯特·埃蒙斯和迈克尔·麦卡洛进行过一项研究，他们将学生分成了3组，并要求这些学生分别写下过去一周内发生的5件值得感恩的事、5件烦心事或者任意5件事情。这项实验连续10周后，令人惊讶的事情发生了，第一组学生的幸福指数激增，健康状况也有了明显改善[3]。

英国著名作家查尔斯·狄更斯有句话说得好："思考你当下的幸福，而非过去的不幸。每个人都有很多幸福；而所有人都有一些不幸。"[4]

以上就是我们应该掌握的5个幸福妙招。明白了幸福至上的重要性后，你就可以依靠这五大法宝抵达幸福的彼岸。总之，请时刻谨记：和打篮球、踢足球一样，幸福也是可以习得的。

[1] 塞利格曼.持续的幸福[M].赵昱鲲,译.杭州：浙江人民出版社,2012.

[2] 石华孟,土文珍,王小同.正念冥想与体育锻炼对首次轻度抑郁发作患者临床疗效比较[J].国际精神病学杂志,2019(001):046.

[3] 关梅林.心怀感恩,便拥有了幸福的密码[J].婚姻与家庭：家庭教育版,2021(5):1.

[4] 王昌兰.查尔斯·狄更斯(英文)[J].阅读,2011(Z1):1.

26 "欢笑是因人在这世上受尽折磨而被迫发明出来的"——尼采

读到这，大家一定会想：运动似乎是万能的。运动虽不能说是万能的，但不运动是万万不能的，必须将科学运动融入我们的生活中。

还有朋友问：运动可以预防癌症吗？

每个人都想知道如何降低患癌风险？2016年，美国癌症中心研究员在《美国医学会杂志：内科》上发表了一篇研究论文，通过对美国和欧洲144万人的数据进行分析，他们发现，锻炼能显著降低13种癌症发病率[1]！

那么，什么样的运动能防癌？能降低多少癌症风险？还有哪些没有解决的问题？我觉得大家都应该知道下面这8个细节。

什么运动能防癌？

运动防癌的论文研究的是"休闲时间运动"，包括了走路、跑步、游泳、健身等，也就是我们所谓的"锻炼"。与平时工作相关的"运动"，比如重体力劳动者、专业运动员等，他们工作中所做的运动是不算在运动量里的。本文的结论是，要想防癌，运动量很重要，采用哪种锻炼方式并不重要；运动不需要太剧烈，跑步、打球、太极拳、广场舞等运动都可以，只要你喜欢就好。

这篇文章牛在哪里？

一句话，调研的人多，历时时间长。它研究了欧美144万人自我报告的每天运动量，然后比较了运动量最大的10%的人与运动量最小的10%的人。整个运动研究收集了从1987年至2004年，跨越了18年之久[2]！这篇文章对癌症发病率数据跟踪的时间更长。健康大数据真的能给我们带来很多以前看不到的结果。

运动能降低哪些癌症风险？

本文研究了26种癌症，发现锻炼能显著降低其中13种癌症的发病率，这些癌症分别是食管腺癌（42％）、肝癌（27％）、肺癌（26％）、肾癌（23％）、胃贲门

---

[1] 罗晨.2016年"世界癌症日"科普常识[J].健康与营养,2016(4):1.

[2] 罗晨.2016年"世界癌症日"科普常识[J].健康与营养,2016(4):1.

癌（22%）、子宫内膜癌（21%）、骨髓性白血病（20%）、骨髓瘤（17%）、结肠癌（16%）、头颈癌（15%）、直肠癌（13%）、膀胱癌（13%）与乳腺癌（10%）[1]。

在中国排前10位的癌症中，有8种癌症都可以通过运动降低发病率，其中食管腺癌降低42%！肝癌降低27%！肺癌降低26%！[1]

锻炼防癌是因为能减肥吗？

肥胖会导致癌症，因此以前很多人推测锻炼防癌的主要原理是减肥。这篇文章发现原因并没有这么简单。首先，锻炼防癌，对肥胖和非肥胖的人群整体效果类似。因此，即使不肥胖的人，也能通过锻炼显著降低多种癌症发病率。其次，在考虑体重因素重新计算后，人们发现，锻炼对10种癌症仍然有显著预防效果，这说明预防癌症不仅仅是减肥，还有对身体其他方面的调整。锻炼对其没有显著效果的3种癌症分别是肝癌、胃贲门癌和子宫内膜癌[1]，这说明锻炼对这3种癌症的预防的机制可能主要是通过降低体重。因此，无论胖瘦，通过锻炼身体进行防癌都是靠谱的，不要再为你的不运动找借口。

吸烟的人可以通过锻炼预防癌症吗？

可以，而且很有效！研究发现，无论是否吸烟，都能通过锻炼显著预防多种癌症。有意思的一个研究结果是如果吸烟，或者曾经吸烟，锻炼能降低>30%肺癌发病率[1]！因此，正在吸烟或者曾经吸烟的人，赶快运动起来吧！

还有哪些其他因素会影响防癌效果？

为了了解还有没有其他因素影响防癌效果，研究人员把人群按照地理位置、性别、种族、是否进行激素治疗、数据跟踪时间长短等因素进行细分，结果发现，这些因素对防癌效果没有影响。因此，不管你身在何方，也无论你是男是女，是什么肤色，都需要多做运动，没有任何借口。

哪种癌症的发病率会随着锻炼而增加？

仔细读文章的人会发现，虽然锻炼能降低13种癌症发病率，但有1种癌症的发病率反而增加了27%，这种癌症就是黑色素瘤[2]。这个结果并不令人感到奇怪，黑色素

[1] 彭先导.美国控制吸烟运动三十年[J].国外医学.社会医学分册,1997,014(001):19-22.
[2] 罗晨.2016年"世界癌症日"科普常识[J].健康与营养,2016(4):1.

瘤是一种恶性皮肤癌，发病的最大原因就是过度晒太阳，比起宅男宅女，喜欢锻炼的人晒太阳的概率显然更高一些，因此发病率也会高一些。但不必为此担心，首先，中国人喜欢打太阳伞，不像在欧美，多数人有机会就会享受日光浴；其次，在户外锻炼时请注意防晒。

27 "当你停止拿自己的生活与他人比较，你就会发现生活变得更加美好了"——尼采

从前有个国王，他的一只眼盲，一条腿瘸。有一天，他找来三位画家为自己画像，规则是"画得好，有重赏；画不好，要杀头！"

第一位画家勤恳而诚实，如实地再现了国王的原貌：画中的国王有一只瞎眼和一条瘸腿。国王一看，气急败坏，直接把这个画家给杀了。第二位画家很聪明，一看势头不对，立刻动起了脑筋，于是画中的国王好手好脚，很俊美，是个绝版美男子。国王一看，更加生气！为啥呢？因为他感觉这个画家是在有意嘲讽他，于是第二个画家也被杀了。第三位画家见前面两个同行都被杀了，急得直冒汗。但他是个很有智慧的人，于是……结果，他的画让国王非常满意，不但没有杀他，还重赏了他。

这第三位画家到底是如何画的呢？原来，他画出了国王在山上打猎的姿势：失明的眼闭着，用那只好眼进行瞄准，而且整个人呈跪射姿势，瘸腿跪在地上，好腿踏在前面。这幅画扬长避短，既符合实际，又把国王的缺点巧妙地掩盖了起来，国王不开心都不行。

从这个故事中我们不难发现，前两位画家都没有找准国王的心态，没有选一个好的角度，所以吃了亏。而第三位画家却在前面两个人的基础上，聪明地转换了角度，并最终获得了成功。第三位画家的成功并不在于画技，而在于他的智慧，在于他的灵感。

我们在锻炼过程中会遇到各种问题，还会遇到各种瓶颈和属于个人特有的难题。在解决问题时，要善于转换角度。在我们思维的过程中，如果无法从正面进行突破，可以考虑从侧面迂回或背后包抄。所以，如果别人夸你"勤奋"，这不见得是个褒义词，要想拥抱胜利女神，仅靠吃苦是远远不够的，还必须有智慧和灵感，当然有的

时候，适时地调整和偶尔地放纵也不是绝对不行，总之，你要用自己的智慧与生活和生命打交道。

什么是"有智慧"

聪明不等于智慧。我们再讲一个故事，让你了解聪明与智慧两者的区别。

假如有人问你：有钱人可以住一等病房，经济一般的住二等病房，钱少的住三等病房，请问你将来打算住几等病房？也许，有人会回答说："我将来要努力赚钱，争取住一等病房。"可这个问题还有另一种回答："我为什么要住病房呢？我要锻炼身体，争取将来不住病房！"前者也许很聪明，但后者才可以称为"有智慧的人"。

这本书给你提供各种方式去学习和运用智慧，最终让它成为属于自己的运动健身法宝和幸福生活秘籍。学习其实很简单，正确的观念、合适的方法和有效的管理是学习的三大法宝。

观念、方法、管理三者就成了提高学习成绩的三大基石，彼此连接成最稳定的三角形。这个三角形构成了良好学习的基础，这就是学习的智慧。

28　"希望比生命中任何欢愉都更令人振奋"——尼采

这让笔者想起了苏联心理学家维果茨基（Lev Vygotsky，1896—1934）的"最近发展区理论"。他认为学生的发展有两种水平：一种是学生的现有水平，指独立活动时所能达到的解决问题的水平；另一种是学生可能的发展水平，也就是学生通过教学所获得的潜力。两者之间的差异就是"最近发展区"。教学应着眼于学生的"最近发展区"，为学生提供带有难度的内容，调动学生的积极性，发挥其潜能，超越其"最近发展区"而达到下一发展阶段的水平，然后在此基础上进行下一个发展区的发展。

将这个理论放在运动领域进行解读，就可以得出以下的结论：每个人的运动水平都有两种：一种是现有的运动水平，指个体在各个运动（项目）时所能达到的客观或主观成绩；另一种是可能的运动水平，也就是通过学习和练习所获得的运动潜力，能有效提升个体进行各项运动（项目）时所能达到的客观或主观成绩。两者之间的差异就是运动领域的"最近发展区"。如果想提升自己的运动水平，那么我们应当关注自己的运动"最近发展区",设置合理的运动内容,规范自己的运动习惯,通过努力练习,积极、稳定地超越现阶段的运动最近发展区而达到下一发展阶段的水平。

制定一个合适的运动目标,如同给予自己一个看得见的希望。如古人所说"手可摘星辰",那星辰就是我们的希望。还有什么比亲手摘下星辰,并一次次让自己的生命长河更加星光灿烂而更让人振奋?灿烂的不是星光,而是每次仰望星河,充盈于双眼中的希冀目光;是每次伸手摘取星辰时,被星光辉映出的挥洒汗水的身影;是每次摘下星辰,握在手中,犹如勋章般将其挂在胸前,那充满豪气的画面。

我想告诉你,希望不一定是神圣的、缥缈的,也可以是切实的、准确的。只要你采用正确的方法,找到自己的"最近发展区",制订好运动计划,坚持执行,你也可以享受希望带给我们的欢愉和振奋。积极的东西总是那么让人着迷。

第1步:了解自己的"最近发展区"

通过功能性动作测试(Functional Movement Screen,简称FMS)了解自己的运动能力。FMS是一种简单的、量化的基础运动能力评估方法。该方法通过简单的7个动作来测试受试者在进行这些动作时动作是否稳定,关节是否灵活,左右两侧是否相对对称,是否存在疼痛或者功能障碍,是否出现功能性代偿,从而预估被测试者受到运动损伤的风险,同时对受试者的康复治疗或身体运动功能训练给予方向性的指导。

测试方法

FMS测试包括深蹲测试、跨步、直线弓步蹲、肩关节灵活性、直腿主动上抬、躯干稳定俯卧撑、旋转稳定性共7项测试(见图7-5)。测试的评分包括3、2、1、0分,3分表示受试者能标准完成要求动作,不出现任何代偿或者不稳定的现象;2分表示受试者能完成动作,但是存在不稳定或者是代偿,或是能够完成降低难度后的动作;1分表示受试者无法按要求完成动作。所有有评分的评分结果都在完成测试动作时没有疼痛感,或者是排除性测试没有检查到疼痛。一旦出现疼痛,则该动作只能记作0分。

图7-5　FMS测试的7个标准动作

　　通过功能性动作测试了解自己的运动能力之后，你就可以找到了自己的"最近发展区"。

第2步：制订运动计划，细化目标

根据计划的适用范围、制定原则（目标）可以分为通用计划和专项计划。

通用计划：有针对性地进行功能性训练。

专项计划：根据不同的专项运动项目，在功能训练的基础上，细化运动计划。

第3步：系统科学地执行计划

如何系统地执行计划：根据前面介绍的内容，每天进行10分钟高效愉悦健身，系统科学地进行运动。

如何坚持：每日锻炼10分钟，水滴石穿，绳锯木断。

第4步：仪式感很重要

仪式的时机：每日在某个固定时间进行锻炼

仪式的范围：如果可以的话，每日自己单独或与小伙伴一起进行一个简单的小仪式。

仪式的标准化：如果只有自己运动，可以简单做个操，对着镜里的自己笑一笑；如果有小伙伴一起做操，一起拥抱后再一起运动，每天都充满希望，生活就是如此美好和美妙。

29 "每一个不曾起舞的日子，都是对生命的辜负" ——尼采

在撰写这本书时，正值新型冠状病毒感染疫情暴发。那期间是2020年的春节，本该是一个阖家团圆、热闹非凡的时刻。有谁承想，这个春节却让许多人陷入了隔离、孤独、抑郁、焦虑、恐慌的境地。

持续待在家里，恐慌、焦虑感、各种压力随着不断增加的阳性确认数字和不断刷新的坏消息不断扩大，想要一直做到心平气和，多少有些自欺欺人。

甚至有些人一度怀疑自己得了新冠肺炎，然后身体出现了低烧、胸闷和乏力等各种不适症状，但在好好吃饭，好好睡觉，调整心态之后，"病"却自然而愈了。

下面提供3个著名的心理暗示实验案例，以供参考。

囚徒放血实验[1]

某教授对死囚犯宣布要将他处以极刑，方法是割开他的手腕，让鲜血滴尽而死。接着，试验者蒙住囚犯的眼睛，将其双手反绑到背后，用手术刀划了他的手腕一下，实际并未割破，然后用水滴到桶里的声音来模仿血滴落下的声音。

死囚犯以为是自己的血在不断滴落，没过多久，他就在这巨大的恐惧中死去了。而实际上，他的血一滴都也没流出。

他是被吓死的，还是因为流血过多死的？事后试验者对其尸体进行检查发现，整个尸体居然反映出与大量失血相同的症状！也就是说，他的意识相信自己正在流血，从而使身体产生了失血过多的反应。

这个实验揭示，心态会影响生理，内心的恐惧才是我们自己最可怕的敌人。

罗森塔尔效应[2]

罗森塔尔效应也称皮格马利翁效应或人际期望效应。这是一种社会心理效应，指的是教师对学生的殷切希望能戏剧性地收到预期效果的现象。

1968年的一天，美国心理学家罗森塔尔和助手们来到一所小学，打算进行7项实验。他们从一至六年级中各选了3个班，并对这18个班的学生进行了"未来发展趋势测验"。之后，罗森塔尔以赞许的口吻将一份"最有发展前途者"的名单交给了校长和相关老师，并叮嘱他们务必保密，以免影响实验的正确性。

其实，罗森塔尔撒了一个"权威性谎言"，因为名单上的学生是随机挑选出来的。8个月后，罗森塔尔和助手们对那18个班级的学生进行复试，结果奇迹出现了：凡是上了名单的学生，个个成绩有了较大的进步，且性格活泼开朗，自信心强，求知欲旺盛，乐于和别人打交道。实际上，这是罗森塔尔的"权威性谎言"发挥了作用。

这个谎言对老师产生了暗示，左右了老师对名单上的学生的能力的评价，而老师又将自己的这一心理活动通过自己的情感、语言和行为传染给学生，使学生变得更加自尊、自爱、自信、自强，从而使各方面取得了异乎寻常的进步。

---

[1] Orne M T. On the social psychology of the psychology experiment, 2002.

[2] 焦爱民. 罗森塔尔效应及其合理运用[J]. 当代教育科学, 2010(12):2.

安慰剂效应[1]

安慰剂效应又名伪药效应、假药效应和代设剂效应，指病人虽然获得无效的治疗，但认为或相信治疗有效，这让病患症状得到了缓解。

这个缓解并不是由服药引起的，而是基于病人心理上对康复的期望，使用安慰剂时容易出现产生相应的心理和生理效应的人，这些人被称为安慰剂反应者。

了解了几个心理暗示实验后，大家应该明白心理暗示对身体的影响是巨大的。

在特殊时刻如何改变疑病状态，缓解压力和焦虑的情绪呢？

1. 确认自己是否是一个易受暗示的人

可以想想自己过往有没有易受暗示的现实情况。

如果确认自己是易受暗示的人，当再次出现发热、胸闷、不适感，并怀疑自己感染了新型冠状病毒时，你可以明确告知自己，这是自我暗示的结果，自己没有感染病毒。

然后，你可以反思自己的饮食睡眠方面有什么需要注意的地方，及时改进，快速消除不舒服的症状。逐渐巩固这种我没被感染、我是健康的思想念头，疑病焦虑会大大减轻。

2. 转变关注焦点

没必要总是刷新消息，尤其发现新闻消息对自己有影响的时候，停下来去做点其他事情，比如观看一部制作精良评分高的电视剧，等等。

当然，运动是转移焦点的最佳方法之一。焦点一转移，人一忙碌起来，自然就没有多余的时间和精力进行焦虑了。

3. 保持客观理性

病毒不会无端地感染你，一定要有载体才能传染你。

所以没有近距离接触病毒携带者，出门戴口罩，回家勤洗手，你基本不会被感染。即使感染了，免疫力强的人是能够自我治愈，多给自己积极的心理暗示。相信自己是健康的。

---

[1]　张文彩, 袁立壮, 陆运青, 等. 安慰剂效应研究实验设计的历史和发展[J]. 心理科学进展, 2011, 19(8):1115-1125.

4．感觉心理压力大的时候，及时和家人朋友倾诉沟通

排解消极情绪，减少不良的心理暗示，多获取正面积极的心理暗示。

网上的公益心理平台会提供一些缓解压力释放情绪的专业方法和知识，适当关注和应用这些方法和知识可以减轻焦虑，恢复内在平静。

其实，你可以做几组HIIT。该练习可以极大缓解内心压力，让你神清气爽。何不立刻尝试一下进行HIIT练习呢？"运动是良医"，这话一点都不假。

30　"人类最难了解的事便是自己的无知"——尼采

尼采曾说："在认识一切事物之后，人才能认识自己，因为万事万物仅仅只是人的界限。"

一场疫情，刷新了我们的认知让我们重新认识生命，认识健康的重要性，我们开始更加重视身心健康。原来人类最大的竞争力不是学历，也不是能力，而是免疫力，是健康力！有了健康力才会有胜任力、执行力、领导力……

人们说的健康主要来自三方面：心、动、吃。其中"动"，是三个字的核心，运动好能帮助我们吃好、睡好；运动好有助于我们心情好、心态好。随之，我们的免疫力就会得到提高。本书旨在倡导运动是健康的核心！

对于每个人来说，最幸福的莫过于健康快乐地度过一生。人生的每一个瞬间都很重要，每个瞬间都是绝对独特的。书中的内容有益于大家获得健康、享受快乐、拥有精彩的人生。幸福与否取决于我们自己，取决于我们是否有乘风破浪的决心，是否有超越自我的力量，是否有坚持不懈的气概。祝愿读者朋友们都能找到自己生活的乐趣，发现自己真正想要的生活，成为自己生活的主人，幸福一生。

参考文献

[1] 阿德勒. 超越自卑[M].张艳华, 译.北京: 清华大学出版社, 2016.

[2] Constitution of the World Health Organization[EB/OL]. [2023-2-9]. https://www.who.int/ publications/m/item/constitution-of-the-world-health-organization.

[3] 2018 Physical Activity Guidelines Advisory Committee Scientific Report[EB/OL]. [2023-2-16]. https://health.gov/sites/default/files/2019-09/PAG_Advisory_Committee_Report.pdf.

[4] 瑞迪, 哈格曼. 运动改造大脑[M].浦溶, 译. 杭州: 浙江人民出版社, 2013.

[5] 王卫星, 蔡有志. 体能: 力量训练指南[M]. 北京: 北京体育大学出版社, 2006.

[6] Yang J, Christophi C A, FARIOLI A, et al. Association Between Push-up Exercise Capacity and Future Cardiovascular Events Among Active Adult Men[J]. JAMA Network Open, 2019, 2(2): e188341.

[7] Davis S E, MEDICINE A C O S. Fitness Categories by Age Groups and Gender for Push-ups[M]// ACSM's Health-Related Physical Fitness Assessment Manual. 2nd edition. Baltimore: Lippincott Williams & Wilkins, 2008:69.

[8] 孟丹妮, 郭梦莹, 肖俊杰等.生命在于运动: 运动对心脏和代谢的改善作用[J].自然杂志, 2020 (1):66-74.

[9] 岸见一郎, 古贺史健. 被讨厌的勇气: "自我启发之父"阿德勒的哲学课[M]. 渠海霞, 译.北京: 机械工业出版社, 2015.

[10] 田野.运动生理学高级教程[M]. 北京: 高等教育出版社, 2003.

[11] 崔运坤, 贾燕, 马琳, 尹军等. 动作模式释义: 定义、机制、分类、训练[J].沈阳体育学院学报, 2017(32):98.

[12] 刘展. 人体动作模式和运动链的理念在运动损伤防护和康复中的应用[J].成都体育学院学报, 2016(46):1.

[13] 张英波.动作矩阵与动作模式训练解码[J].体育科研, 2011(32):21.

[14] 尼采, 波西. 尼采治焦虑: 摆脱焦虑、静心安神首选心灵读本[M]. 武汉: 长江文艺出版社, 2014.

[15] 董德龙, 王卫星, 梁建平.振动、核心及功能性力量训练的认识[J]. 北京体育大学学报, 2010(5): 105-109.

[16] 于红妍, 王虎, 冯春辉, 等. 核心力量训练与传统力量训练之间关系的理论思考: 核心稳定性训练[J]. 天津体育学院学报, 2008, 23(6):3.

[17] 韩春远, 王卫星, 成波锦, 等. 核心力量训练的基本问题: 核心区与核心稳定性[J]. 天津体育学院学报, 2012, 27(2):5.

[18] 阿德勒. 阿德勒人格哲学[M]. 罗玉林等, 译.北京: 九州出版社, 2004.

[19] Cuenca-Guerra R, Lugo-Beltran I. Beautiful Buttocks: Characteristics and Surgical Techniques[J].Clin Plast Surg, 2006, 33(3):321-332.

[20] 王淑雯, 岳琏. 中国女性骨盆图集[M]. 天津: 天津科技翻译出版公司, 2003.

[21] 帕斯卡.思想录[M]. 何兆武, 译.北京: 商务印书馆, 1985: 157-183.

[22] 白秦龙. 健全的精神寓于健全的身体[J]. 课程教育研究(新教师教学), 2014, (034): 219.

[23] Taunton JE, Ryan MB, Clement DB, et al. A Retrospective Case Control Analysis of 2002 Running Injuries[J].Br J Sports Med 2002(2) 95-101.

[24] Baker RL, Fredericson M. Iliotibial Band Syndrome in Runners: Biomechanical Implications and Exercise Interventions[J]. Phys Med Rehabilitation N Am 2016, (1): 53-77.

[25] 张洪军. 初练跑步者姿势要讲究[J].青春期健康, 2015(12):50-56.

[26] 崔俊玲. 跑步不像想象的那样简单[J].健康管理, 2014(3):82-83.

[27] 李新华. 健身跑中如何保护你的膝关节[J].科技与创新, 2014(5):121-122.

[28] 丁勇. 马甲线效应下的形态美学研究[J].体育大视野, 2018,(08):203.

[29] Vansteenkiste, M., J. Simons, B. Soenens, and W. Lens. "How to Become a Persevering Exerciser? Providing a Clear, Future Intrinsic Goal in an Autonomy–supportive Way." Journal of Sport & Exercise Psychology, 2004. 26 (2): 232–249.

[30] 赵宁. 给孩子一颗坚韧的心[M].北京: 新世界出版社, 2007.

[31] 王玉婷, 蔡景龙. 肥胖治疗的现状和进展[J]. 中国美容医学, 2007, 16(12):3.

[32] 倪国华, 张璟, 郑风田. 中国肥胖流行的现状与趋势[J]. 中国食物与营养, 2013, 19(10):5.

[33] 戴昕. 论老年人力量训练的重要性及基本原则[J]. 首都体育学院学报, 2003, 15(3):2.

[34] 陈小平. 力量训练的发展动向与趋势[J]. 体育科学, 2004.

[35] 邢贲思. 哲人之路[J]. 求是, 1989(2):2.

[36] 李莉. 校对工作: 求"真"求"美"的实践活动[J]. 石油大学学报: 社会科学版, 2000, 16(5):2.

[37] 魏韶华, 李霞, 金桂珍."林中路"上的精神相遇: 在鲁迅的"庸众"与海德格尔的"常人"之间[J]. 兰州大学学报: 社会科学版, 2005, 33(2):5.

[38] 陈赛文.海德堡的哲学家小路[J]. 科学大观园, 2011(20):3.

[39] 张桂权. 知识、恶与"原罪": 黑格尔《哲学全书·逻辑学》对"原罪说"的解读[J]. 四川师范大学学报: 社会科学版, 2012, 39(4):5.

[40] 崔鹤同."忘我"的名人[J]. 教育艺术, 2000(4):13.

[41] 夏宏. 苏格拉底哲学教育观的启示[J]. 现代大学教育, 2009(3):4.

[42] 金戈. 千鸟在林不如一鸟在手[J]. 中国人才, 2006, (1):1.

[43] 王正珍, 王安利, 王松涛等. 61～65岁女性8周健步走前后超声心动图变化的分析[J]. 北京体育大学学报, 2005, 28(9):3.

[44] 张晓峰. 跑出来的大作家: 村上春树的健康之路[J]. 长寿, 2015(1):2.

[45] 练艺影, 王正珍, 李雪梅等. 20～59岁年龄段普通成年人健步走推荐速度及步频的研究[J]. 北京体育大学学报, 2012, 35(7):4.

[46] 霍洪峰, 吴艳霞, 高峰等. 男性老年人健步走足底压力分布与步态特征[J]. 中国康复医学杂志, 2009(12):4.

[47] 荣兰. 培养健康心理的五要素[J]. 云南科技管理, 2015, 28(4):1.

[48] 岸见一郎. 每天更新关系[J]. 特别健康, 2019(7):2.

[49] 岸见一郎. 我就是不想变成你喜欢的那种人[M]. 邓一多, 译. 长春: 北方妇女儿童出版社, 2016.

[50] 田麦久. 运动训练学[M].北京: 人民体育出版社, 2000: 196.

[51] 张海平. 肌肉形态特征与肌肉力量相关研究[J]. 沈阳体育学院学报, 2003.

[52] 韩春远, 王卫星. 对我国青少年网球运动员体能训练指导思想的研究[J]. 中国学校体育: 高等教育, 2014(4):5.

[53] 杨锡让. 实用运动生理学.2版[M]. 北京: 北京体育大学出版社, 1998.

[54] 张俊青. 力量训练方法和负荷结构的研究[J]. 体育科学研究, 2000, 4(4):6.

[55] 卢梭. 卢梭忏悔录[M]. 盛华东, 译.北京: 华文出版社, 2003.

[56] 孙艺风. 幽默翻译的文化内涵[J]. 中国翻译, 2002, 23(1):2.

[57] 杨海平, 廖理连, 张军编. 实用体能训练指南[M]. 广州: 广东高等教育出版社, 2013.

[58] Ian Jeffreys. Motor Learning: Applications for Agility, Part 1[J]. Strength and Conditioning Journal, 2006, 28(5):72 -76.

[59] 赵西堂, 葛春林, 孙平. 试论运动灵敏性的概念及其分类[J]. 武汉体育学院学报, 2012(8):92.

[60] Ken Mannie. C. O. D Center on Agility [J]. Powerline, 2002(9): 6-9.

[61] 谢敏豪, 运动员基础训练的人体科学原理[M]. 北京: 北京体育大学出版社,2005. 42-43.

[62] 齐莉格. 斯坦福大学最受欢迎的创意课[M]. 秦许可, 译. 长春: 吉林出版集团有限责任公司, 2013.

[63] 王瑞元. 运动生理学[M]. 北京: 人民体育出版社, 2002.

[64] 李蕾, 戚一峰, 郭黎, 等. 运动减肥中运动强度确定依据的实验研究[J]. 上海体育学院学报, 2006, 30(4):5.

[65] 张立. 一种简易监测运动强度和评定运动能力的方法: RPE等级值[J]. 武汉体育学院学报, 1995(1):5.

[66] 于洪军, 王晓昕. session-RPE训练负荷量化方法的发展及对运动训练的启示[J]. 体育科学, 2021, 41(6):16.

[67] 刘丰. 教育浅思录[J]. 教育文摘, 2016(11):2.

[68] Church JB, Wiggins MS, Moode FM, et al. Effect of Warm-up and Flexibility Treatments on Vertical Jump Performance[J]. Strength Cond Res. 2001, 15(3):332-336.

[69] 余利斌.浅析体温及中枢神经兴奋性对柔韧素质的影响 [J].郧阳师范高等专科学校学报, 2001(6):79-80.

[70] 王慧丽.采用静力拉伸法提高学生柔韧素质的实验研究[J]武汉体育学报, 2003 (7):63.

[71] 王卫星. 高水平运动员体能训练的新方法[M]. 北京: 北京体育大学出版社. 2013.

[72] 徐建武, 陈克梦, 马馨等. PNF拉伸对机体局部大负荷运动后快速恢复的效果[J]. 中国运动医学杂志, 2015, 34(10):6.

[73] 常颖, 王晓东. PNF法拉伸和静力拉伸练习对改善跨栏运动员的髋关节柔韧性作用的比较[J]. 北京体育大学学报, 2005, 28(11):3.

[74] Rowland,Margins,Lee.Chronic Flexibility Gains:Effect of Isometric Contraction Duration During Proprioceptive Neuromuscular Facilitation Stretching Techniques[J]. ResQexercSport, 2003, 74(1):47.

[75] Behm DG, Bambury A, Cahill F, et al. Effect of Acute Static Stretching on Force, Balance, Reaction Time, and Movement Time. Med Sci Sports Exerc, 2004, 36 (8): 1397-1402.

[76] 范藻. 回归与超越: 身体美学之于生命美学的意义[J]. 徐州工程学院学报: 社会科学版, 2018, 33(6):7.

[77] 封旭华, 杨涛, 孙莉莉, 等.功能性动态拉伸训练对男子足球运动员功能动作测试(FMS)和运动损伤患病率的影响[J].体育科研, 2011, 32(05):33-36.

[78] 歌德. 歌德的格言和感想集[M]. 北京: 中国社会科学出版社, 1982.

[79] 谢军, 刘显斌. 整理活动方式对消除运动员运动后血乳酸效果的分析[J]. 上海体育学院学报, 2004, 28(5):3.

[80] 黄强民. 肌筋膜触发点及肌筋膜疼痛综合征[J]. 颈腰痛杂志, 2004, 25(5):3.

[81] 金花, 程勇民. 糖酵解供能系统对羽毛球运动能力的影响[J]. 体育科学, 1998(3):2.

[82] 王瑞元, 孙学川, 熊开宇.运动生理学[M]. 北京: 人民体育出版社, 2002:36.

[83] 冯炜权. 血乳酸与运动训练[M]. 北京: 人民体育出版社, 1990.

[84] 顾静怡. 植入慢跑中的环保[J]. 思维与智慧, 2018, (23):16.

[85] 马德浩. 体育的哲学内涵: 基于尼采哲学的探究[J]. 体育科学, 2010(11):6.

[86] 宋桦, 高立. 二十四式太极拳锻炼对腰椎间盘突出症影响的研究[J]. 北京体育大学学报, 2008, 31(5):3.

[87] 吴毅文. 颈部运动与颈椎病功能康复的关系[J]. 中国组织工程研究, 2001, 5(8):88.

[88] 刘又姣. 一年之计在于春 神秘5月快长高[J]. 时尚育儿, 2017(5):2.

[89] 杨月亮. 有利于长高的运动[J]. 中华家教, 2008(5):1.

[90] 孙延泉, 张连强, 侯开江, 等. 体育科学 运动心理学: 飞行员心理能力综合测试系统的开发与研制[J]. 中国学术期刊文摘, 2007, 13(22):1.

[91] 作者不详. 家人的爱有助防慢性病[J]. 家庭医药: 快乐养生, 2020(2):1.

[92] 塞利格曼. 持续的幸福[M]. 赵昱鲲, 译. 杭州: 浙江人民出版社, 2012.

[93] 石华孟, 土文珍, 王小同, 等. 正念冥想与体育锻炼对首次轻度抑郁发作患者临床疗效比较[J]. 国际精神病学杂志, 2019(001):046.

[94] 关梅林. 心怀感恩, 便拥有了幸福的密码[J]. 婚姻与家庭: 家庭教育版, 2021(5):1.

[95] 王昌兰. 查尔斯·狄更斯[J]. 阅读, 2011(Z1):1.

[96] 罗晨. 2016年"世界癌症日"科普常识[J]. 健康与营养, 2016(4):1.

[97] 彭先导. 美国控制吸烟运动三十年[J]. 国外医学.社会医学分册, 1997, 014 (001):19-22.

[98] Orne M T. On the Social Psychology of the Psychology Experiment. 2002.

[99] 焦爱民. 罗森塔尔效应及其合理运用[J]. 当代教育科学, 2010(12):2.

[100] 张文彩, 袁立壮, 陆运青, 等. 安慰剂效应研究实验设计的历史和发展[J]. 心理科学进展, 2011, 19(8):1115-1125.

附录 配套视频说明

　　随书提供12段精心拍摄的教学示范视频，读者可通过扫描二维码的方式观看学习。通过跟随视频进行练习，健身初学者即可轻松掌握基本的锻炼方法，并更好地理解本书内容，养成运动锻炼的习惯，有益于重塑美好身心。